税法学研究文库 SHUIFAXUE YANJIU WENKU

总主编 刘剑文

扣缴义务问题研析

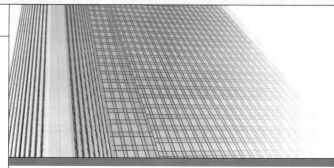

钟典晏 ⊙著

北京大学出版社
PEKING UNIVERSITY PRESS

著作权合同登记:图字 01－2004－5863
图书在版编目(CIP)数据

扣缴义务问题研析/钟典晏著.—北京:北京大学出版社,2005.5
(税法学研究文库)
ISBN 7－301－08855－8

Ⅰ.扣… Ⅱ.钟… Ⅲ.所得税－税法－研究－中国 Ⅳ.D922.222.4

中国版本图书馆 CIP 数据核字(2005)第 023536 号

此书蒙钟典晏先生授权,由北京大学出版社享有除台湾地区以外的中华人民共和国领域内出版发行此书的简体中文文本的专有使用权。
未经北京大学出版社许可,不得以任何方式抄袭、复制或节录书中的任何部分。
版权所有,翻录必究。

书　　　　名:	扣缴义务问题研析
著作责任者:	钟典晏　著
责 任 编 辑:	王　晶
标 准 书 号:	ISBN 7－301－08855－8/D·1138
出 版 发 行:	北京大学出版社
地　　　　址:	北京市海淀区成府路 205 号　100871
网　　　　址:	http://cbs.pku.edu.cn
电　　　　话:	邮购部 62752015　发行部 62750672　编辑部 62752027
电 子 信 箱:	pl@pup.pku.edu.cn
排 　版　 者:	北京高新特打字服务社　51736661
印 　刷 　者:	三河新世纪印务有限公司
经 　销 　者:	新华书店
	650 毫米×980 毫米　16 开本　10.5 印张　177 千字
	2005 年 5 月第 1 版　2005 年 5 月第 1 次印刷
定　　　　价:	16.00 元

出 版 说 明

交流所带来的信息可以使我们站在巨人的肩膀之上俯瞰整个学科的发展,进而推动该领域学科的发展壮大。我国台湾地区的税法研究已经较为成熟,但目前大量读者还不易直接在内地购买台湾地区书籍,而大量复印又有违著作权法的有关规定。在这种情况下,承蒙北京大学刘剑文教授和台湾大学葛克昌教授的大力支持,使我们得以引进了一些已经在我国台湾地区出版的、优秀的税法学著作。我们希望通过这种方式给内地读者提供一个获取信息的捷径,从而可以比较迅速地了解各个地区的教学和学术成果,为深入学习和研究打下更坚实的基础。

我们引进这些学术著作,目的主要在于介绍我国台湾地区有关税法、财政法的理论和方法,推动学术交流,促进学科发育,完善教学体系,而其著作者的出发点和指导思想、基本观点和结论等,则完全属于由读者加以认识、比较、讨论甚至批评的内容,均不代表北京大学出版社。

由于海峡两岸的具体情况不尽相同,为方便读者,经作者同意,我们在排版时对原书的某些文字形式作了少量技术性处理。至于原书内容,我们遵从著者的意愿,未作任何改动。需要特别说明的是:(1)台湾地区是中国不可分割的一部分是不争的事实。但目前由于特殊原因台湾地区还实行本地区的法律法规,包括"宪法"。学界从宪法的视角研究、审视税法已经成为一种趋势和必然。因此,从学术研究出发,对书中涉及的"宪法"规定以及据此的分析,并没有加以删减。(2)一些机关和机构,比如行政法院、地税局等,系指我国台湾地区之机构,为了保持行文顺畅,并使读者明确地查证,一般按照原有的称呼,没有进行特别的处理。这当然不代表北京大学出版社对它们的承认。(3)为了行文的简洁,对具体的法律法规并没有一一加以说明,因此如果没有特殊标注,书中所涉及的法律法规均为我国台湾地区的法律。(4)我国台湾地区在税法学领域有些用语与内地不尽一致。比如税捐、稽征机关等用语,为了保持作品原貌,也没有加以修改。特此一并申明,敬请读者注意。希望读者不要因为上述或者书中的其他内容而产生任何的误会、质疑和指责。

北京大学出版社
2004 年 7 月

总　序

　　《税法学研究文库》是继《财税法系列教材》、《财税法论丛》和《当代中国依法治税丛书》之后由我主持推出的另一个大型税法研究项目。该项目的目的不仅在于展示当代中国税法学研究的最新成果，更在于激励具有创新精神的年轻学者脱颖而出，在传播、推广税法知识的同时，加快税法研究职业团队的建设和形成。

　　税法学是一门年轻、开放、尚处于成长期的新学科。谓其年轻，是因为它不像民法学和刑法学一样拥有悠久的历史渊源；谓其开放，是因为它与经济学、管理学以及其他法学学科等存在多方面的交叉与融合；谓其成长，是因为它的应用和发展空间无限广阔。在我国加入世界贸易组织之后，随着民主宪政、税收法治等先进理念的普及和深入，纳税人的权利意识越发强烈，其对税收的课征比任何时期都更为敏感和关心。税法学的存在价值，正在于科学地发现和把握征纳双方的利益平衡，在公平、正义理念的指导下，实现国家税收秩序的稳定与和谐。

　　长期以来，我一直致力于税法学的教学和研究，发表和出版了一系列论文和专著，主持了多项国家级科研课题，对中国税法学的发展以及税收法制建设做了一些力所能及的工作。然而，不容否认，中国税法学的研究力量仍然十分薄弱，有分量的研究成果也不多见，税法和税法学的应有地位与现实形成强烈的反差。我深深地感到，要想改变这种状态，绝非某个人或单位力所能及。当务之急，必须聚集和整合全国范围内的研究资源，挖掘和培养一批敢创新、有积累的年轻税法学者，在建设相对稳定的职业研究团体的同时，形成结构合理的学术梯队，通过集体的力量组织专题攻关。惟其如此，中国税法学也才有可能展开平等的国际对话，而税法学研究的薪火也才能代代相传，生生不息。

　　近年来，我先后主编《财税法系列教材》、《财税法论丛》、《当代中国依法治税丛书》，这三项计划的开展，不仅使税法学研究的问题、方法和进程逐渐为法学界所熟悉和认同，同时也推动了税法学界的交流与合作。在此过程中，我既看到了新一代税法学者的耕耘和梦想，更感受到了他们在研究途中跋涉的艰辛。这群年轻的学者大多已取得博士学位，或已取得副教授职称，且至少熟练掌握一门外语。最为重要的是，他们对专业充满热忱，愿意为中国税法学贡献毕生精力。正是在他们的期待和鼓励下，为了展示中国税法学的成长和进步，激励更多的优秀人才加入研究队伍，我与北京大学出版社积极接触、多次磋商，终于在2002年达成了本文库的出版协议。

衷心感谢北京大学出版社对中国税法学的积极扶持。如果没有对学术事业的关心和远见，他们不会愿意承担该文库出版的全部市场风险，更不会按正常标准支付稿费。此举的意义，远远溢出了一种商业架构，事实上为中国年轻的税法学提供了一个新的发展机遇。正是他们的支持，才使得主编可以严格按照学术标准组织稿件，也使得作者可以心无旁骛，潜心研究和创作。若干年之后，当人们梳理中国税法学进步的脉络时，除了列举税法学人的成果和贡献，也应该为所有提供过支持的出版机构写上重重的一笔。这里，我还要代表全体作者特别感谢北京大学出版社副总编杨立范先生，他的智识和筹划，是本文库得以与读者见面不可或缺的重要因素。

本文库计划每年出版3—5本，内容涉及税法哲学、税法史学、税法制度学；税收体制法、税收实体法、税收程序法；税收收入法、税收支出法；国内税法、外国税法、国际税法、比较税法等多重角度和层面。只要观点鲜明，体系严密，资料翔实，论证有力，不管何种风格的税法专著都可成为文库的收录对象。我们希望，本文库能够成为展示税法理论成果的窗口，成为促进税法学术交流的平台。如果能够由此发现和锻炼更多的税法学人，推动税法理论与实践的沟通和互动，我们编辑文库的目的就已经实现。

刘剑文

2003年元旦于北京大学财经法研究中心

中国财税法网(www.cftl.cn)

中国税法网(www.cntl.cn)

General Preface

Works of Research on Taxation Law Theories is another large research project on taxation law study presided by me after the publications of *Textbooks Series of Fiscal Law & Taxation Law*, *Fiscal Law & Taxation Law Review* and *Rule Taxation by Law in Modern China*. Rather than demonstrating the latest achievements on the theoretical study of taxation law, this project focuses more on inspiring the scholars with innovative spirit showing themselves. While promulgating the knowledge of taxation laws, a group of professionals studying on taxation law theories is forming and developing.

Taxation law is a rising, open and growing subject. It is rising because it has not so long a history as civil law or criminal law. It is open because it intersects with economics, management and other law subjects. It is growing because it has promising future for its application and development. The taxpayers will be greatly awakeoed to their rights on the course of tax levying with China's entering into WTO and the popularization of the ideas of democracy and rule the tax by laws. The value of theoretical study on taxation law exists in scientifically finding a balance spot between the taxpayers and levier, which would help to realize a stable and harmonious taxation system among the whole country with the direction of equity and justice ideas.

For a long period of time, I had been dedicated to the teaching and studying of the taxation law. Many theses and monographs had been published and many national research projects presided by me, which were all what I could do to the development and construction of the theoretical study on taxation law of China in my own power. However, we should not neglect that neither researching ability nor influential achievements have been satisfactory. They could not match up the corresponding positions of taxation law and the theoretical study on it. I came to realize that any individual or organization would never be able to better the situations. At present, the most urgent thing is to congregate all the researching resources around the country in conformity and cultivate a group of young but erudite scholars on taxation law. Thus, a relatively stable group of professionals would be organized to form the academic ladders with reasonable structure. We could depend on the collective powers to study on some specified topics respectively. I think it is the only way to equalize the domestic study on taxation law with international study. Also by this way, the study on taxation law would continue generation by generation and never cease.

Recent years, I have successively presided three projects including editing *Textbooks Series of Fiscal Law & Taxation Law*, *Fiscal Law & Taxation Law Review* and *Rule Taxation by Law in Modern China*. During the process, the topics, methodologies and procedures of the theoretical study on taxation law had been gradually acquainted and accepted by the academic circles and the exchange and cooperation among them had also been greatly promoted. During the course, I not only observed that the new generation of scholars on taxation law study worked hard and cherish beautiful dream to the future, but also their hardships in research. Most of the young scholars have acquired PH. D. degrees or become the associate professor, and at least fluently master a foreign language. Their zealousness shall be more important, and they are willing to devote their whole life to the career. It is under their expectation and encouragement that more and more excellent talents participate in the career. After my positive communications and constant consultations with Peking University Press, a publication agreement has finally come to for this *Works* in 2002.

I sincerely express my gratitude to Peking University Press here for their support to the theoretical study on taxation law in China. They would neither take risks to publish all the works nor pay the authors' remunerations according to market standard if they were shortsighted to the academic project, which are far from a business activity and provide a good opportunity for the young scholars of taxation law study. It is their support that the editor in chief could select the works strictly according to the academic standard and the authors could dedicate to their research and composition. I believe that many years later while reviewing the developing history of the theoretical study on taxation law in China, they will not only remember the scholars and their achievements, but also remember the contributions from Peking University Press. Here, on behalf of all the authors, I shall thank Mr. Yang Lifan, Vice Editor in Chief of Peking University Press, for his wisdom to and design for the *Works*, or they would never be published.

Annually, 3 to 5 books will be published to affiliate the *Works*. The contents of these books mainly concerns about philosophy of taxation law, history of taxation law, study on taxation law system, taxation law system, taxation law, taxation procedure law, taxation income law, taxation expenditure law, domestic taxation law, foreign taxation law, international taxation law and comparative taxation law. All the monographs with various styles could become members of this *Works* if they are of clear point of view, rigorous logic, accurate documents and strong reasoning. We hope that the *Works* could become a window to demonstrate the theoretical achievements of taxation law study and a platform for academic exchanges. If more scholars on taxation law study could be discovered and the practice and theories of taxation law could be exchanged and co – developed simultaneously with the publication of the *Works*, our targets to edit the *Works* are fundamentally achieved.

Liu Jianwen
On New Years' Day of 2003
In Research Center of Fiscal Law and Taxation Law
Peking University

台湾版序

　　本书写作动机最初源于作者参与"中科院"免税案研讨会后对所得税法上扣缴问题产生的浓烈兴趣。因而着手收集资料研究，涉猎相关文章与书籍，进而整理行政法院涉及扣缴事务之相关判决，研究实务上关于扣缴事务隐晦未明之问题。本书主要以现行台湾地区法规定与行政法院判决为研究对象，企图从宪法角度，并辅以外国立法例，指出扣缴实务上或规范上不合理之处，并提出针砭意见与解决之道，提供税务人员于处理扣缴、补缴与裁罚事务，以及法官、律师、会计师等税捐争讼实务者研究之参考。

　　本书原为作者就读台大法律研究所硕士班之毕业论文，经酌予增删润饰后付梓。本书得以完成，由衷地感谢指导教授葛克昌老师启蒙与悉心指导，"司法院"翁岳生院长、台大法律学院黄茂荣教授、台北市法规会陈清秀主委于课堂上或论文口试时提供宝贵意见，获益匪浅，亦使本书增色不少。另应感谢台大会计系教授林世铭老师，于研究所期间，应允作者旁听授课，作者方得领略各税税法奥妙之处，为本书写作奠定基础。又本书得顺利出版，有赖蓝元骏与蔡孟彦先生协助校对，翰芦图书林月丽小姐，为本书付印，不辞辛劳，并此感谢。而**父母亲二十多年来养育之恩，无私无怨地付出，谨以本书献给最敬爱的父母亲**，略表孝心。

　　作者学殖未深，如有疏漏错误之处，尚祈各方贤达先进，惠予赐正，倘蒙高明赐教，则无任感幸。

作者谨识

二〇〇四年六月二十日

CONTENTS 目 录

第一章 绪论 ... 1
  第一节 研究动机 ... 1
  第二节 文献回顾 ... 2
  第三节 研究方法与研究范围 ... 3
  第四节 本书架构 ... 5

第二章 所得税法上扣缴之实务问题研析 ... 7
  第一节 扣缴义务概说 ... 7
  第二节 扣缴义务之合宪性基础 ... 13
  第三节 扣缴义务之实务争议
       ——扣缴义务人应由营利事业负责人担任? ... 34
  第四节 本章结论 ... 56

第三章 扣缴义务人补缴责任之实务问题研析 ... 58
  第一节 本章概说 ... 58
  第二节 违反扣缴义务之责任 ... 58
  第三节 补缴之性质分析 ... 59
  第四节 补缴责任是否有"责任的从属性"之适用? ... 64
  第五节 补缴责任之主观构成要件
       ——应否以故意或重大过失为限? ... 72
  第六节 本章结论 ... 78

CONTENTS 目 录

第四章 扣缴义务人处罚之实务问题研析 79

第一节 本章概说 79
第二节 违反扣缴义务之处罚 79
第三节 处罚之"宪法"上界限
——释字第 327 号解释 83
第四节 违反扣缴义务处罚之"宪法"课题 87
第五节 罚锾金额无上限 88
第六节 以应扣缴税额作为母数处罚 92
第七节 处罚是否应采推定过失主义？ 98
第八节 营利事业故意或重大过失之认定方式 133
第九节 本章结论 135

第五章 结论与建议 136

第一节 结论 136
第二节 建议 138

参考书目 143

附录一 扣缴义务之台湾地区法与德国法之比较 148
附录二 台湾地区法上补缴责任与德国法上责任债务之比较 149

CONTENTS 目 录

附录三　台湾地区法与德国法上关于扣缴义务人之刑事处罚　　150

附录四　台湾地区法与德国法上关于扣缴义务人之税捐秩序罚　　151

附录五　判决争议分类表(以本书所述者为限)　　152

第一章 绪　论

第一节　研究动机

"宪法"第19条:"人民有依法律纳税之义务。"即国家有向人民课税之权力①。课税权为国家统治权之固有且主要的表现形态②,国家亦独占此种财政工具。基此课征税捐属国家核心任务③,国家为达成税捐之征收须依职权调查证据,税捐征收机关得依法调查课税资料,要求纳税义务人或关系人提供账簿、文据,被调查者不得拒绝(《税捐稽征法》第30条第1项)。然税法亦有明文课予纳税义务人与第三人之行为义务,要求纳税义务人与第三人作为或不作为,以利国家课征税捐,所得税法上之扣缴义务即为一例。

《所得税法》自1943年2月17日公布施行起,即有所得就源扣缴制度存在④,虽条文条次不多,断简残篇,然仍为台湾地区所得税法上就源扣缴制度施行之滥觞。虽就源扣缴制度已施行一个甲子有余,实务上已累积丰富经验,精益求精,虽历经多修正,惟于实务上于操作仍存有诸多问题,隐晦不明,自税捐稽机关相关解释函令有近七百余篇⑤,即可见一斑。再者,人民权利意识逐渐高涨,人民因税捐稽征机关就相关扣缴、补缴或处罚之处分不服者,日益增多。复因自2000年7月起新《诉愿法》与新《行政诉讼法》施行,废除再诉愿制度,增设高等行政法院,增加诉讼种类,人民获得救济的机会

---

① 葛克昌:《宪法国体——租税国》,载《国家学与国家法》,台湾月旦出版公司1996年版,第155页。
② 同上注,第143—144页。
③ 葛克昌:《综合所得税与宪法》,载《所得税与宪法》,台湾翰芦图书出版有限公司1999年版,第78页;许宗力:《论行政任务的民营化》,载《当代公法新论(中)翁岳生教授七秩诞辰祝寿论文集》,台湾元照出版有限公司2002年版,第595页。
④ 1943年2月17日制定公布《所得税法》第9条:"第一类丙项之所得,应由扣缴所得税者或自缴所得税者,于结算后1个月内,将所得额依规定格式报告于主管征收机关。"第20条:"纳税义务人或扣缴所得税者,不依期限缴纳税款,主管征收机关得移请法院追缴,并依左列规定处罚之。……"惟当时以"扣缴所得者"称呼现行法上"扣缴义务人",迟至1948年5月14日公布之《所得税法》方以"扣缴义务人"一词称呼之,并沿用至今。
⑤ 此一数字乃自吴金柱氏大作《所得税扣缴实用全书》一书中附录所列之解释函令计算得出,见吴金柱:《所得税扣缴实用全书》,台湾三民书局2003年版,第700页以下。

增加,有关不服扣缴、补缴或处罚处分之行政诉讼,亦大幅增加,占行政法院诉讼案件中,不小之比例。

其中值得吾人注意者为"中科院免税案件"①。该案因有人向"财政部"检举中山科学研究院(以下简称中科院),自 1979 年 6 月起,给付非军职人员之"品位加给"与"技术津贴",皆予以免税与未为扣缴。"财政部"因遭"监察院"纠正,其所属机关于是向纳税义务人发单补征"品位加给"与"技术津贴"之综合所得税。此外,并对于历任主计主管人员(即当时之扣缴义务人)令其补缴并处高额罚锾。凡于 1988 年至 1996 年间,任职于中科院之会计主管共十位,即积欠总共近新台币 27 亿元之金额。其中一人因任职较长,补缴加上罚锾金额即高达 22 亿余元②。由于其后纳税义务人皆提起行政诉讼,造成台北高等行政院与"最高行政法院"一时间涌进大量补征综合所得税案件,最后几乎皆败诉确定③。至于扣缴义务人补缴与处罚,虽于诉愿程序中大多获得诉愿有理由之诉愿决定,撤销补缴与罚锾之原处分,然业已暴露出所得税法上扣缴制度之设计与运作之种种不近合理之处,因而着手撰写本书。

第二节 文献回顾

台湾目前有关所得税法上扣缴义务之相关理论性质之探究与检讨,专书、期刊论文或学位论文并不多见。目前中文资料中,以探讨扣缴义务或其违反之责任为中心者,依问世顺序,首推学者陈敏于《政大法学评论》发表之《扣缴薪资所得税之法律关系》一文④。该文将扣缴义务之三角法律关系(国家、扣缴义务人与纳税义务人)依序讨论三角关系中各个面向的法律关系。次有,学者宋义德于《财税研究》中发表,《浅谈"我国"现行各类所得扣缴制

---

① 关于本案详请可参阅黄俊杰:《中山科学研究院税法问题之宪法研究》,"行政院国家科学委员会"专题研究计划成果报告(NSC89-2623-D-194-001)2000 年版,第 9 页以下;《"中科院"欠税事件发展一览表》,载《中国时报》2002 年 9 月 27 日第 3 版。

② 关于各扣缴义务人处之金额,见黄俊杰:《税捐之扣缴与赔缴》,载《纳税者权利保护》,台湾翰芦图书出版有限公司 2004 年 2 月,第 183 页;《前"中科院"会计主管 10 员工被追讨 27 亿税罚》,载《中国时报》2002 年 9 月 27 日第 3 版。

③ 至 2002 年 9 月 26 日止,"最高行政法院"约受理并判决 4500 件补税案。见《4500 件补税案中科院员工从未胜诉》,载《中国时报》2002 年 9 月 27 日第 3 版。

④ 陈敏:《扣缴薪资所得税之法律关系》,载《政大法学评论》第 51 期,1994 年 6 月。

度及相关规定》①,以实务运作的角度观察扣缴义务。续有,学者黄世鑫《扣缴率或税率:程序或实体》一文,探讨扣缴率系实体或程序之规定②。另有吴金柱会计师之连载专文"所得税扣缴制度探讨系列"共四篇③,全面分析所得税扣缴制度相关法律或宪法之争议④。近者则为,学者黄俊杰氏为中研院免税案之研讨会(见下述),特撰"税捐之扣缴与赔缴"一文,详述该案税捐稽征机关命扣缴义务人补缴与处罚不当之处。

另有黄茂荣教授所著之《税捐债务之缴纳义务人》一文⑤,析述扣缴义务与补缴义务之性质与特征。又,葛克昌教授曾发表"综合所得税与宪法"一文中,论及扣缴义务人之法律地位应为行政助手;且违反扣缴义务所受处罚应限于违反扣缴义务人之故意或重大过失。及陈清秀教授于《税法总论》一书中之"税法上责任债务"(第二次纳税义务)章节,论及违反扣缴义务时之责任性质。皆为讨论扣缴义务及违反扣缴时之责任时极具参考价值之文献。又,台湾大学法律学院公法研究中心,亦曾为中科院免税案举办"扣缴义务与基本权保障研讨会"讨论该案所衍生之法律问题⑥,对于研究该案颇具参考价值⑦。

第三节　研究方法与研究范围

第一项　研究方法

本书为探讨扣缴义务之合宪性基础以及扣缴义务与违反义务之责任于

---

① 宋义德:《浅谈我国现行各类所得扣缴制度及相关规定》,载《财税研究》第34卷第1期,2002年1月。
② 黄世鑫:《扣缴率或税率:程序或实体》,载《月旦法学》杂志第82期,2002年3月。
③ 吴金柱:《所得税扣缴制度探讨系列(1)、(2)、(3)(4)》,分载《税务旬刊》第1862—1865期,2003年6月至同年7月,各为第16页以下、第24页以下、第21页以下与第23页以下;吴金柱:《谈所得税扣缴税款加征滞纳金——兼及加计利息之法律依据》,载《税务旬刊》第1827期,2002年6月;吴金柱:《海峡两岸所得税扣缴制度之比较》,载《实用税务》第322期,2001年10月。
④ 另吴金柱氏认为,实务上作法责令补缴应扣未扣或短扣之税款,仍须加征滞纳金与利息。此实无税法依据,且不得分别类推适用税法上相有关滞纳金或利息之规定。见吴金柱:《谈所得税扣缴税款加征滞纳金——兼及加计利息之法律依据》,载《税务旬刊》第1827期,2002年6月。
⑤ 黄茂荣:《税法总论》(第1册),台湾植根法学丛书编辑室2002年版,第316页。
⑥ 关于研讨会记录全文刊载《月旦法学》杂志第93期,2003年2月。
⑦ 另可参见陈合发:《扣缴义务人违反扣缴义务之研究(上)(下)》,各载《实用税务》第345、346期,2003年7月、10月;赖三郎:《所得税扣缴实务》,载《今日会计》第69期,1997年12月;高文宏:《中国大陆的税收征收管理新规定》,载《会计月刊》第104期,1994年5月;施炳煌:《机关薪资所得税扣缴义人条款修法始末》,载《主计月报》第87卷第2期,1999年2月。

宪法上之界限，参考大法官释字 317 号与释字 327 号解释文，并以实务上所引发之法律争议——即行政法院(包含"最高行政法院"与台北、高雄行政法院①)判决中之争点，作为本书讨论的核心议题。

为探讨扣缴义务合宪性基础及其宪法上界限，本书所采用之基本权违宪审查模式，主要参考自德国学者 Pieroth 与 Schlink 大作中所介绍②，且普遍广为欧陆德语系国家宪法学界及实务界所接受，甚至于欧洲人权法院亦经常运用此一方法③，其思考层次主要可分为三，依序探讨如下：第一，宪法规范基础：基本权保障范围之界定(即基本权之构成要件)；第二，对于基本权之侵害(或译限制，即德文 Eingriff 之意)之判断；第三，基本权侵害之宪法上正当性(verfassungrechtliche Rechtfertigung)审查。

另外本书以"司法院"法学资料检索系统中"裁判书查询系统"为搜寻引擎④，以其所收录之行政法院(2000 年 6 月 30 日未改制前)判例及判决、及现行"最高行政法院"、台北高等行政法院、台中高等行政法院、高雄行政法院等，以"所得税 & 第 114 条 & 扣缴义务人—中山"为关键词⑤，键入查询⑥，查询后一一详阅判决事实、两造论点及判决理由⑦，针对台湾地区自所得税法上扣缴制度施行以还，就实务上于法律面所引发之争议，罗列具参考价值之行政法院判决。并整理原告、被告与行政法院见解，提出现行所得税法上扣缴、补缴与处罚制度所衍生之问题，以作为其后各章节讨论之核心，希求彻底分析实务所引发之许多争议与问题所在。

第二项　研究范围

本书研究对象限于扣缴义务之合宪性基础，扣缴义务与违反义务之责

---

① 本书非有意遗漏台中高等行政法院之判决，盖该法院关于所得税扣缴之案例数量上显与台北与高雄行政法院相较，为数较少。

② 〔德〕Pieroth/Schlink, Grundrechte Staatsrecht Ⅱ, 17. Aufl. 2001, S. 50 ff. 中文文献请参考李建良：《基本权利理论体系之构成及其思考层次》，载《宪法理论与实践(一)》，台湾学林文化事业有限公司 1999 年版，第 75 页以下。

③ 李建良：同上注，第 75 页。

④ 网址 http://nwjirs.judicial.gov.tw/FJUD/index.htm。

⑤ 半型的"-"字符号，表示"不含"之意；半型的"&"字符号，表示"且"之意。符号说明，请参阅"司法院"法学检索系统"裁判书查询"中"辅助说明"，网址同上注。

⑥ 1998 年来"最高行政法院"(含改制前)与台北高等行政法院，因中山研究院员工因"财政部"追缴"品位加给"之所得税，引发为数不少之诉讼案件，因与本书讨论较无关联，故省略之。惟一例外者为台北高等行政法院 2000 年诉字第 2814 号判决(见第三章第四节第一项)。

⑦ 为求具体化每一案件法律争议为何，原告、被告及法院之主张及见解，将只列举与本书相关者，其余主张将略而不提，非原告、被告及法院之主张及见解仅限本书所列。

任于宪法上之界限。另以与上述研究议题有相关性,且经筛选后具重要性之代表性判决,以该判决中之法律争点为探讨之核心,并参考中文与德文文献关于扣缴之相关论述,复佐以德国立法例强化论证。

吾人自搜集之诸多判决中,依其所引发之争议与法律问题,类型化的加以分析及检讨,粗分为三大类型:一、扣缴义务人为营利事业或营利事业负责人?二、补缴义务之成立要件是否具独立性或从属性?三、处罚是否应采推定过失主义?以深入了解并具体化目前实务上因所得税法上扣缴、补缴与处罚制度问题之所在。

第四节 本书架构

本书共分为五章,除第一章绪论与第五章结论之外,中间分成三章,依序为"所得税法上扣缴之实务问题研析"、"扣缴义务人补缴责任之实务问题研析"以及"扣缴义务人处罚之实务问题研析",兹依章节次序介绍如下:

第一章 绪论

本章为绪论,主要为说明本书之研究动机,介绍中山科学研究院内关于"品位加给"与"研究加给"所引发之补征、补缴与处罚之争议,并回顾中文文献上,关于所得税扣缴义务与违反后法律效果之讨论,进而确立研究方法与研究范围,并说明本书论文架构。

第二章 所得税法上扣缴之实务问题研析

本章共分为四节,首先介绍所得税法上之扣缴义务,以大法官释字317号解释出发,探讨其宪法上合宪性基础。其后,借由台北高等行政法院判决为例,说明扣缴义务人应为何人担任之以及探讨扣缴义务人法律上的地位。

第三章 扣缴义务人补缴责任之实务问题研析

本章共分为六节,本章重点在于说明补缴责任之性质,并以行政法院判决为例,从宪法的角度切入,深论补缴责任于宪法上之界限,从而,说明补缴责任有"责任的从属性"适用以及主观之构成要件要素为何?

第四章 扣缴义务人处罚之实务问题研析

本章共分九节,首先介绍扣缴义务人违反扣缴义务,可能所受之刑事处罚与行政秩序罚，并以大法官释字 327 号解释为例，形成问题意识，全面探讨关于违反扣缴义务之行政秩序罚"合宪"性之控制。其后，借由行政法院实务之案例，说明实务上关于处罚之运作所引发之争议，并讨论从财产权保障的观点建构违反扣缴义务时处罚扣缴义务人之主观构成要件要素为何？

第五章 结论与建议

总结说明所得税法上扣缴义务，指出扣缴义务之合宪性基础以及立法制度设计之宪法上界限，并说明实务上所引发争议之解决之道，以作为未来修法方向及税捐稽征实务之参考。

第二章　所得税法上扣缴之实务问题研析

第一节　扣缴义务概说

扣缴义务意指①：依税法之规定，从应向纳税义务人"给付"之金额中，扣留纳税义务人"应缴"之税款，然后为纳税义务人之计算，向税捐稽征机关缴纳所扣留之税款②。依我国台湾地区现行税法，规定须"扣缴"之税款，计有《税捐稽征法》第6条第3项、《所得税法》第88条、《平均地权条例》第79条、《土地税法》第52条等。然而，《所得税法》上之负扣缴义务者，与其他税法规定负有扣缴义务者，有显著地不相同。前者，"人民"负扣缴义务者居大多数；后者，则皆为"行政机关或法院"③。然而，税捐稽征实务上最引人注意者，且案件数量上占最大宗，而居重要地位者，当以所得税法上之扣缴义务为最。

所得税上扣缴依其性质得区分为预缴式与非预缴式两种④，前者系指扣缴之税款可于结算申报时，抵缴其依全年所得额所计算之应纳税额，抵缴不足者，由纳税义务人补足；抵缴有余者，得申请退还。换言之，扣缴税款仅系预缴性质，纳税义务人所适用之扣缴税率为中间税率，须俟纳税义务人结算申报时依全年所得额，适用最终税率计算得出应纳税额，方为其最终税负；后者，扣缴义务人于扣取税款后，纳税义务人即履行纳税义务，所扣缴税款即为纳税义务人最终税负，不得申请抵缴或退还⑤，易言之，纳税义务人所适

---

① 扣缴义务与代征义务在制度上或结构上极为相近，其差异主要仅于：前者借助扣缴义务人对纳税义务人付与税捐客体有牵连关系之金钱给付义务；后者则借助代征义务人在交易或货物进入课税区之枢纽地位。参黄茂荣：《税法总论》（第1册），台湾植根法学丛书编辑室2002年版，第316页。

② 同上注，第308—319页。

③ 税法明文以扣缴义务人称之的情形外，尚有虽非以扣缴义务人名之，但论其特征属于扣缴义务人者，例如《税捐稽征法》第13条第1项、《税捐稽征法》第14条第1项、《关税法》第6条第1项等。另详见本章第二节。

④ 黄荣龙：《税法精典——架构性分析》，台湾新文京开发出版有限公司2003年版，第117页。

⑤ 葛克昌：《综合所得税与宪法》，载《所得税与宪法》，台湾翰芦图书出版有限公司2003年版，第77—78页。

用之扣缴税率即为最终税率。

第一项　扣缴义务之性质

所得税法上之扣缴义务,乃扣缴义务人为纳税义务人计算,扣留给付纳税义务人一定金额之税款后,由扣缴义务人向税捐机关缴纳并申报,其后亦填发扣缴凭单予纳税义务人。扣缴义务之特征为:其非属纳税义务人之义务或税捐债权人之义务(即国家或地方自治团体),而为第三人之公法上之义务[1]。扣缴义务人依法负有扣留、缴纳、申报与填发义务。其中,关于扣留、申报、与填发义务,固为行为义务,当无疑义。兹有疑义者为,缴纳义务,究竟应为行为义务或金钱给付义务?学者黄茂荣氏认为,缴纳义务亦为行为义务[2]。日本学者金子宏氏则认为:"征收纳付义务(编按即扣缴义务)即为向纳税义务人征收租税义务(作为义务)与缴纳所征收租税之义务(给付义务),两者相结合之特殊义务。"[3]惟本书认为,所得税法虽规定扣缴义务人为税捐主体[4],而负有缴纳义务,然未有将所得税税捐债务人自纳税义务人(即受领所得之人)变更为扣缴义务人之意[5],两者内涵实属不同[6]。此观德国所得税法皆明定,受领所得人皆为税捐债务人即可得知[7]。从而,虽有扣缴制度存在,税捐债务人仍为纳税义务人。扣缴义务人仅将自纳税义务人所扣留之税款,向税捐稽征机关缴纳。易言之,扣缴义务人将所扣留税款,"移交"予税捐稽征机关。职是,缴纳义务仍属行为义务。因而,扣缴义

---

[1] 同此见解,洪吉山:《税捐申报行为之研究》,成功大学法律学研究所硕士论文,2002年12月,第13页。

[2] 黄茂荣:《税法总论》(第1册),台湾植根法学丛书编辑室2002年版,第313页。

[3] 〔日〕金子宏:《租税法》,弘文堂1994年第9版,第682页。

[4] 亦有学者称为"纳税主体"。见刘剑文主编:《税法学》,人民出版社2002年版,第85页(魏建国撰写部分);施正文:《税收程序法论——监控征税权运行的法理与立法研究》,北京大学出版社2003年版,第217页。

[5] "最高行政法院"2002年判字第1326号判决以:"《所得税法》第94条固规定'扣缴义务人于扣缴税款时,应通知纳税义务人,并依本法第92条之规定,填具扣缴凭单发给纳税义务人,如原扣税额与稽征机关核定税额不符时,扣缴义务人于缴纳税款后,应将溢扣之款退还纳税义务人;不足之数由扣缴义务人补缴,但扣缴义务人得向纳税义务人追偿'。惟此乃课与扣缴义务人有关扣缴义务之规定,而非用以免除纳税义务人之纳税义务,或变更纳税义务人之纳税义务顺位。"同此见解。

[6] 卞耀武:《税收征收管理法概论》,人民法院出版社2002年版,第41页;刘剑文主编:《税法学》,人民出版社2002年版,第103页(魏建国撰写部分)。

[7] 见本章第三节德国法的介绍。

第二章 所得税法上扣缴之实务问题研析

务人负担者,非"税捐债务"①(Steuerschuld),而系扣留税款之"缴纳债务"(Entrichtungssteuerschuld)②,亦即以第三人的地位缴纳其所扣留的税捐③。"最高行政法院"2002年判字第1580号判决认为:"扣缴制度系纳税义务人于结算申报前取得所得时,预计其应纳之税额,责由扣缴义务人于给付该所得时,先行扣缴预计之税款,嗣纳税义务人结算申报时,持以扣抵应纳税额,是所扣缴之税款,实由纳税义务人负担。"诚属的论。

至于有论者谓扣缴义务属第三人(即扣缴义务人)之协力义务④。然而,协力义务于民法概念上为使主给付义务得依债务之本旨实现,且不得成为争讼标的之义务⑤。此一义务之负担者仍为债务人本身。虽由第三人履行此一协力义务,然此肇因于第三人为债务人之代理人或履行辅助人,于私法关系上,此协力义务负担者仍为债务人本人,未变更为债务人之代理人或履行辅助人,仅由代理人或履行辅助人"履行"协力义务,文献上亦未见认定代理人或履行辅助人负第三人之协力义务。又,扣缴义务人非纳税义务人之代理人或履行辅助人,充其量应为税捐债权人(即国家或地方自治团体)受领税捐清偿之代理人或履行辅助人⑥,如何担任协力义务之义务人?倘由扣缴义务人任之,不啻认定税捐债权人为协力义务之义务人,且与协力义务之精神不符。再者,违反协力义务时,其法律效果应为"推计课税",然于台湾地区法上,违反扣缴义务时,仍不得对于纳税义务人推计课税。职是,本书以为,扣缴义务非属第三人之协力义务,毋宁为法定之义务⑦。

第二项 扣缴义务之发生

依《所得税法》第88条规定,扣缴义务人于"给付"应扣缴所得时,应依规定扣缴率或扣缴办法,扣取税款,并缴纳予税捐稽征机关。易言之,扣缴

---

① "最高行政法院"2002年判字第1446号判决认为:"扣缴义务人未尽纳税义务时,税捐稽征机关固得依《所得税法》第94条第1项令扣缴义务人补缴,再由扣缴义务人向纳税义务人追偿之。"概念使用似有进一步斟酌之处。
② 陈敏:《扣缴薪资所得税之法律关系》,载《政大法学评论》第51期,1994年6月,第63页。
③ 〔德〕Heuermann, Steuern erheben durch Beleihen?, StuW 4/1999, S.354.
④ 黄源浩:《营业税法上协力义务及违反义务之法律效果》,载《财税研究》第35卷第5期,2003年9月,第141页。
⑤ 关于民法上附随义务,参王泽鉴:《债法原理(一)基本理论、债之发生》,台湾三民书局2001年版,第42页以下;姚志明:《诚信原则与附随义务之研究》,台湾元照出版有限公司2003年版,第47页以下。
⑥ 卞耀武:《税收征收管理法概论》,人民法院出版社2002年版,第45页。
⑦ 卞耀武主编:《中华人民共和国税收征收管理法释义》,法律出版社2001年版,第90页。

义务发生于"给付应扣缴所得时"。而所谓"给付",依《所得税法施行细则》第82条第1项规定系指"实际给付"、"转账给付"、"汇拨给付"三种[①]。换言之,扣缴义务人于实际给付应扣缴所得时,应实时扣留税款,于法定期间内缴纳予税捐稽征机关,并向其申报以及填发扣缴凭单予纳税义务人[②]。

第三项 应扣缴之所得

依《所得税法》第88条规定,纳税义务人有下述所得时,扣缴义务人于给付时,依规定之扣缴率或扣缴办法,扣取税款,并缴纳予税捐稽征机关:

一、公司分配予非"中华民国"境内居住之个人及在"中华民国"境内无固定营业场所之营利事业之股利净额;合作社、合伙组织或独资组织分配予非"中华民国"境内居住之社员、合伙人或独资资本主之盈余净额。

二、机关、团体、事业或执行业务者所给付之薪资、利息、租金、佣金、权利金、竞技、竞赛或机会中奖之奖金或给予、退休金、资遣费、退职金、离职金、终身俸、非属保险给付之养老金、执行业务者之报酬,及给付在"中华民国"境内无固定营业场所及营业代理人之"国外"营利事业之所得。

三、总机构在"中华民国"境外之营利事业,经"财政部"核准或核定适用《所得税法》第25条,计算"中华民国"境内之营利事业所得额者,应由营业代理人或给付人扣缴所得税款之营利事业所得。

四、在"中华民国"境内无分支机构之"国外"影片事业,其在"中华民国"境内之营利事业所得额。

惟应予注意者为,扣缴义务人扣留税款须系《所得税法》第88条所定之"应税所得",设若为免税所得,虽为《所得税法》第88条所定之所得,亦无需扣缴(《所得税法施行细则》第83条第1项参照)[③]。

[①] 另可参宋义德:《浅谈"我国"现行各类所得扣缴制度及相关规定》,载《财税研究》第34卷第1期,2002年1月,第160—164页。

[②] 《中华人民共和国个人所得税法实施条例》第34条规定:"扣缴义务人在向个人支付应税款项时,应当依照税法规定代扣税款,按时缴库,并专项记载备查。前款所说的支付,包括现金支付、汇拨支付、转账支付和以有价证券、实物以及其他形式的支付。"

[③] 《所得税法施行细则》第83条第1项:"依本法第88条应扣缴所得税款之各类所得,如有依本法第四条各款规定免纳所得税者,应免予扣缴。但采定额免税者,其超过起扣点部分仍应扣缴。"

第四项　扣缴义务内容

扣缴义务之内容依据《所得税法》第 88 条、第 89 条、第 92 条与第 94 条等规定得析述成四种义务：扣留义务、缴纳义务、申报义务与填发义务[①]。兹分述如下：

第一款　扣留义务

所谓扣留义务系指：扣缴义务人须依行政院公布《各类所得扣缴率标准》或《薪资所得扣缴办法》等行政命令，于给付予纳税义务人之金额中，按所得性质之不同，依不同扣缴率，扣留纳税义务人应缴之税款。举例而言，扣缴义务人于给付利息所得新台币 10 万元予纳税义务人时，须扣留 10%，即 1 万元，仅给付 9 万元予纳税义务人[②]。（《各类所得扣缴率标准》第 2 条第 1 项第 3 款第 4 目参照）。至于纳税义务人负有忍受义务（Duldungspflicht）[③]，忍受其受领之所得之一部分须经扣留，倘经扣缴义务人扣留税款后，其所得应予扣缴之税捐债务随即消灭[④]。

第二款　缴纳义务

缴纳义务即为扣缴义务人将所扣留之税款，应于每月 10 日前将上一月

[①] 宋义德：《浅谈"我国"现行各类所得扣缴制度及相关规定》，载《财税研究》第 34 卷第 1 期，2002 年 1 月，第 159 页。
依据《中华人民共和国税收征收管理法》第 30 条第 1 款："扣缴义务人依照法律、行政法规的规定履行代扣、代收税款的义务。对法律、行政法规没有规定负有代扣、代收税款义务的单位和个人，税务机关不得要求其履行代扣、代收税款义务。"同法第 31 条第 1 款："纳税人、扣缴义务人按照法律、行政法规规定或者税务机关依照法律、行政法规的规定确定的期限，缴纳或者解缴税款。"同法第 25 条第 2 款："扣缴义务人必须依照法律、行政法规规定或者税务机关依照法律、行政法规的规定确定的申报期限、申报内容如实报送代扣代缴、代收代缴税款报告表以及税务机关根据实际需要要求扣缴义务人报送的其他有关资料。"同法第 34 条："税务机关征收税款时，必须给纳税人开具完税凭证。扣缴义务人代扣、代收税款时，纳税人要求扣缴义务人开具代扣、代收税款凭证的，扣缴义务人应当开具。"吾人亦将其扣缴义务内容析述为：代扣、代收义务，解缴义务，申报义务与开具义务四种。
[②] 各类所得扣缴方式与计算方法与无需办理扣缴之所得，详见宋义德：同前注①，第 164—171、175—176 页。
[③] 〔德〕Kirchhof, EStG KompaktKommentar Einkommensteuergesetz, 2. Aufl. 2002, S.1727.
[④] 〔德〕Heuermann, Leistungpflichten im Lohnsteuerverfahren, StuW, 3/1998, S.221. 相似见解，"财政部"1999 年台财税第 881931011 号函："主旨：有关'已扣未缴'之扣缴税款，可否自所得人综合所得税抵退乙案。说明：二、按纳税义务人与扣缴义务人之责任不同，对于应扣缴之税款，除符合《所得税法》第 89 条第 2 项有关扣缴义务人未履行扣缴责任，而有行踪不明或其他情事，致无法追究之情形时，可径向纳税义务人征收外，至'已扣未缴'之税款，依法应向扣缴义务人追征，与纳税义务人无涉，该项扣缴税款得申报扣抵或退还。"

内所扣税款向国库缴清。此外，非"中华民国"境内居住之个人，或在"中华民国"境内无固定营业场所之营利事业，有第88条规定各类所得时，扣缴义务人应于代扣税款之日起10日内，将所扣税款向国库缴清。(《所得税法》第92条参照)

第三款　申报义务

申报义务依纳税义务人属境内或境外之人与是否属免扣缴所得，而有不同之申报期间与申报内容，得另区分为三：1.扣缴义务人于每年1月底前将上一年内扣缴各纳税义务人之税款数额，开具扣缴凭单，汇报该管稽征机关查核。但营利事业有解散、废止、合并或转让，或机关、团体裁撤、变更时，扣缴义务人应随时就已扣缴税款数额，填发扣缴凭单，并于10日内向该管稽征机关办理申报(《所得税法》第92条第1项参照)；2.非"中华民国"境内居住之个人，或在"中华民国"境内无固定营业场所之营利事业，有第88条规定各类所得时，扣缴义务人应于代扣税款之日起10日，将所扣税款向"国库"缴清，并开具扣缴凭单，向该管稽征机关申报核验。(《所得税法》第92条第2项参照)；3.公私机关、团体、学校、事业或执行业务者每年所给付依前条规定应扣缴税款之所得，及第14条第1项第10类之其他所得，因未达起扣点，或因不属本法规定之扣缴范围，而未经扣缴税款者，应于每年1月底前，将受领人姓名、住址、国民身份证统一编号及全年给付金额等，依规定格式，列单申报主管稽征机关(《所得税法》第89条第3项参照)。

第四款　填发义务

填发义务则为：扣缴义务人于扣缴税款时，除应随时通知纳税义务人并应于每年2月10日前将扣缴凭单或免扣缴凭单及相关凭单以自己名义自行填发纳税义务人。(《所得税法》第92条第1项、第94条第1项、第89条第3项后段、第92之1后段参照)。惟对非"中华民国"境内居住之个人或在"中华民国"境内无固定营业场所之营利事业扣缴之税款，应由扣缴义务人填具扣缴凭单后，发给纳税义务人前，须另报经稽征机关核验。(《所得税法》第94条第2项参照)

又，公私机关、团体、学校、事业或执行业务者每年所给付依第92条规定应扣缴税款之所得，及第14条第1项第10类之其他所得，因未达起扣点，或因不属本法规定之扣缴范围，而未经扣缴税款者，应于2月10日前，将免扣缴凭单填发予纳税义务人。

第五项　扣缴义务之消灭

扣缴义务人因各别履行扣留、缴纳、申报或填发义务后,各该义务随即消灭①。至于扣缴义务有无消灭时效之适用,就缴纳义务而言,依《税捐稽征法》第50条规定准用同法第21条规定,应有5年或7年时效之准用。另就扣留、申报、填发义务,基于平等原则之考量,亦应得类推适用5年或7年时效之规定。②

第二节　扣缴义务之合宪性基础

第一项　扣缴义务之宪法课题

税捐征收原属国家事务,惟为便利稽征机关得以掌握税源资料,确保国库收入且有利于国库资金调度,课予扣缴义务人于从事营业活动时,负担扣缴义务,致生扣缴义务人须负担因扣缴义务所产生之必要费用,导致扣缴义务人营收利润减少,究竟有无违法侵害其工作权?再者,扣缴义务系一无偿公法上义务,国家不予以任何补偿,对于扣缴义务人而言,是否构成类似"征收"侵害之效果,抑或属财产权负有社会拘束之范畴,因而基于财产权负有社会拘束观点,无须补偿,亦符合负担平等原则?大法官以"扣缴或申报义务,乃法律规定之作为义务,其目的在使'国家'得以确实掌握课税资料,为增进公共利益所必要,与'宪法'并无抵触"一语概述其合宪性,未详述与检证扣缴义务为何未抵触宪法上之原理原则,深论其合宪性之基础,换言之,吾人是否得于宪法中探求,扣缴义务之合宪性基础安在?本节首先自大法官释字317号解释出发探讨其"合宪性"基础。

---

① 惟对于纳税义务人而言,其所负之忍受自所得中扣留部分税款义务,以扣缴义务人有无扣留税款为准,倘扣留之则视为已缴纳所得税,不问扣缴义务人是否向税捐稽征机关缴纳税款。见陈敏:《扣缴薪资所得税之法律关系》,载《政大法学评论》第51期,1994年6月,第67页;[德]Heuermann, a.a.O., S.221.

② "财政部"1998年台财税第871926093号函:"扣缴义务人于给付纳税义务人各类所得时,未依《所得税法》第88条规定于给付时依规定扣缴率扣取税款,或虽已扣取税款,但未依同法第92条规定期限缴纳及申报扣缴凭单者,依《税捐稽征法》第21条第1项第3款规定,其核课期间为7年;至已依规定办理扣缴,经缴纳扣缴税款并申报扣缴凭单,而仅部分所得于给付时未予报缴者,除查得有故意以诈欺或其他不正当方法逃漏税捐者外,其核课期间为5年。扣缴义务人在上开期间内经稽征机关查获前述情形时,应依《所得税法》第114条规定责令赔缴及处罚。"关于类推适用之说明,可参考黄茂荣:《法学方法与现代民法》,台湾台大法学丛书编辑委员会2002年版,第512页以下。

第二项 释字第 317 号解释

第一款 释字第 317 号解释之背景

声请人于 1989 年 1 月 1 日至同年 12 月 31 日给付纳税义务人吴苏××等未达起扣点之薪资所得计新台币 17 万元，向台北市国税局城中稽征所申报扣缴时，该所人员指示应合并汇报，惟因租赁所得人申××出国，历久未归，致无法获知其国民身份证统一编号、租赁房屋税籍号码，为恐影响薪资给付部分之申报，再向该稽征机关人员请求准免填报上列未明事项，或准予分别申报，仍未蒙受理，且就稽征机关所印发之申报书及租赁所得扣缴凭单上载明之非《所得税法施行细则》第 85 条之 1 规定应填事项之"租赁房屋税籍号码"，坚持非填不可，致声请人迟至次年 2 月 2 日申报截止日后才为申报，经城中稽征所就租金及薪资分别起诉，台湾高等法院就薪资部分于同年 4 月 29 日以 1991 年度财抗字第 271 号裁定适用《所得税法》第 111 条第 2 项中段及《所得税法施行细则》第 85 条之 1 驳回声请人之抗告，至此，就薪资部分声请人被处新台币 7500 元确定。（租金部分之案件于声请大法官解释时尚未判决确定）

第二款 声请释宪之理由与大法官解释之见解

第一目 声请人声请释宪之理由

声请人声请大法官释宪，其释宪标的为《所得税法》第 111 条第 2 项中段与《所得税法施行细则》第 85 条之 1。其主张上开二规定违宪之理由，兹详述如下：

（一）就《所得税法》第 111 条第 2 项中段"违宪"部分：

1. 依"宪法"第 19、22、23 条演绎可知："宪法"规定人民仅有依法律纳税之义务，而无代扣缴税款之义务，更无代税务机关制作统计书表之义务，人民有不代税务机关扣缴他人税款及汇报他人税款之自由。故《所得税法》规定人民须代扣他人税款及汇报他人税款，如一迟误期间，即依《所得税法》第 111 条第 2 项中段处罚，此系对人民赋予不当之限制，课予人民不当之负担，事属"违宪"，至为明确。

（二）就《所得税法施行细则》第 85 条之 1 部分：

1. 《"中央"法规标准法》第 5 条第 2 项规定，关于人民之权利义务应以法律定之，此系法律保留原则，旨在贯彻人权之保障，亦为民主法治国家赖以立国之基础。

2. 依《所得税法施行细则》第 85 条之 1 规定可知，其课人民两种义务，其一为课扣缴义务人须查明所得人住址、姓名、国民身份证统一编号、年度给付总额、扣缴税额等调查义务。其二为如未依规定详实填报者,课人民财产权之负担。由此可知,该法《施行细则》第85条之1,已干涉人民之自由权利,违背"宪法"法律保留原则之规定,其属"违宪",自不待言。

第二目 大法官解释之见解

大法官作成于1993年5月21日作成释字317号解释,释示:"1987年12月30日修正公布之《所得税法》第111条第2项,关于私人团体或事业,违反第89条第3项之规定,未依限填报或未据实申报者,处该团体或事业500元罚锾之规定,系对扣缴义务人违反法律上作为义务所为之制裁,以确实掌握课税资料,为增进公共利益所必要,与'宪法'并无抵触。"

其解释理由书称:"依《所得税法》规定,应自付与纳税义务人之给付中扣缴所得税款之人,为扣缴义务人。扣缴义务人应就纳税义务人之所得,于给付时依规定之扣缴率或扣缴办法扣取税款,在法定之期限内,向国库缴清,并开具扣缴凭单汇报该管稽征机关,其未达起扣点者,并应依限将受领人之姓名及相关资料向该管稽征机关申报,1987年12月30日修正公布之《所得税法》第7条第5项、第88条、第92条、第89条第3项规定甚明。同法第111条第2项,关于私人团体或事业,违反第89条第3项之规定,未依限填报或未据实申报者,处该团体或事业500元罚锾之规定,系对扣缴义务人未尽其法律上应尽之义务时所为之制裁。此项扣缴或申报义务,乃法律规定之作为义务,其目的在使国家得以确实掌握课税资料,为增进公共利益所必要,与'宪法'并无抵触。"质言之,大法官认为《所得税法》第88条与第89条关于扣缴或申报义务之规定系属"合宪",且违反扣缴义务依当时同法第111条第2项规定处罚,亦属"合宪"。

第三项 基本权审查概说

"宪法"第23条:"以上各条列举之自由权利,除为防止妨碍他人自由、避免紧急危难、维持社会秩序,或增进公共利益所必要者外,不得以法律限制之。"明文揭示立法者为追求上述公共利益,得以法律限制人民之基本权,惟不得违反比例原则与平等原则等"宪法"上之规定或原理原则。易言之,立法目的须为增进公共利益所必要,且法律须经过"违宪"审查后,方得确知其"合宪"性。本书以德国学者Pioreth与Schlink大作中所介绍且普遍广为接受之基本权审查模式①为论证基础,其思考层次依序如下:第一,宪法规范基础:基本权保障范围之界定(即基本权之构成要件);第二,对于基本权之侵害(或译限制,即德文 Eingriff 之意)之判断;第三,基本权侵害之宪法上正当性(verfassungrechtliche Rechtfertigung)审查,从而,检查侵害手段之合宪性。以下首先自扣缴义务可能涉及之工作权与财产权等基本权出发,探讨以"扣缴义务"限制扣缴义务人之基本权,有无合乎租税法律主义、比例原则或平等原则,具备基本权侵害的宪法上正当性,依序讨论之。

第一款 工作权

第一目 工作权之保障范围

工作权系指基本权主体以生活创造或维持之意思,而于一定期间内,反复从事之行为②。工作权保障范围,依释字第 404 号解释、释字 411 号解释与释字 510 号解释中宣示:"'宪法'第 15 条规定人民之工作权应予保障,故人民得自由选择工作及职业,以维持生计。"明文肯认工作权之保障及于工作选择自由。学说见解亦肯认之③。又,释字 514 号解释指出:"人民营业之自由为'宪法'第 15 条工作权及财产权应予保障之一项内涵。基于'宪法'上工作权之保障,人民得自由选择从事一定之营业为其职业,而有开业、停业与否及从事营业之时间、地点、对象及方式之自由;基于'宪法'上财产权之保障,人民并有营业活动之自由,例如对其商品之生产、交易或处分均得自由为之。"亦明文揭示营业自由亦属工作权所保障之范畴。且工作权依通说之见解④,自然人或法人皆为权利主体而得享有之。

---

① 〔德〕Pieroth/Schlink, Grundrechte Staatsrecht Ⅱ, Heidelberg 2001, 17. Aufl., S. 50 ff. 中文文献请参考李建良:《基本权利理论体系之构成及其思考层次》,载《宪法理论与实践》(一),台湾学林文化事业有限公司 1999 年版,第 75 页以下。

② 李惠宗:《宪法工作权保障之系谱》,载刘孔中、李建良主编:《宪法解释之理论与实务学术研讨会》,"中央研究院"中山人文社会科学研究所 1999 年版,第 352 页。

③ 李惠宗:《宪法要义》,台湾元照出版有限公司 2001 年版,第 228 页以下。吴庚氏因理解宪法上工作权具有社会权性质,故认为工作权之内容为:(1) 人民得依其工作能力自由的选择工作,并获得合理的报酬;(2) 国家有义务实施最低工资、监督雇主改善工人与劳动者的工作条件;(3) 对欠缺工作能力者,各级政府应依其志愿办理职业训练;对已从事工作者或劳动者也可实施技能鉴定及证照制度;(4) 举办维护工人与劳动者生计的社会保险;(5) 工人与劳动者有权组织工会,并行使团结、团体协约及争议之权,必要时并得发起罢工。吴庚:《宪法的解释与适用》,台湾三民书局 2003 年版,第 279 页。

④ 同上注,第 225 页。

第二目 工作权之限制
一、台湾地区实务运作分析

从大法官许多相关解释中,吾人尚无法得知大法官于工作权之限制上,是否有意采取德国法上三阶理论,或依侵害强度不同,而异其审查基准。大法官于"药师应办理药商登记及营利事业登记"(释字191号)、"镶牙生禁止医疗广告"(释字206号)、"土木工程技师"(释字411号)、"会计师职业义务与惩戒"(释字432号)等诸多解释,均以其限制乃基于公共利益,而肯认为合宪①。值得吾人注意者为,释字404号解释:"'宪法'第15条规定人民之工作权应予保障,故人民得自由选择工作及职业以维持生计。惟人民之工作与公共福祉有密切关系,为增进公共利益之必要,对于人民从事工作之方法及应具备之资格或其他要件,得以法律为适当之限制,此观'宪法'第23条规定自明。医师法为强化专业分工、保障病人权益及增进国民健康,使不同医术领域之医师提供专精之医疗服务,将医师区分为医师、中医师及牙医师。《医疗法》第41条规定医疗机构之负责医师应督导所属医事人员依各该医事专门职业法规规定执行业务,均属增进公共利益所必要。"似已区分"执行业务方法"与"职业资格"加以区分,惟仍依"一般公共利益"标准加以审查②。

上开所述,皆属对于工作权消极禁止为面向,然积极课予人民于职业范围内一定作为义务者,除上述释字317号解释外,另自释字56号解释文中:"劳工保险乃立法机关本于'宪法'保护劳工、实施社会保险之'基本国策'所建立之社会福利制度,旨在保障劳工生活安定、促进社会安全。劳工保险制度设置之保险基金,除由被保险人缴纳之保险费、雇主分担额所构成外,……"大法官似肯认国家基于追求"保障劳工生活安定、促进社会安全"之公共利益,亦得课予雇主给付劳工保险费之分担额义务。

综之,大法官就工作权之规定,似未依侵害之程度不同以及消极禁止与积极作为义务之不同,而异其不同之审查标准,换言之,未如同德国联邦宪法法院于职业自由领域建立所谓"三阶理论"。

---

① 其中释字432号明白肯认限制之目的为"……维持会计师专业水准,增进公共利益而采取之必要措施……"

② 李惠宗:《宪法工作权保障之系谱》,载刘孔中、李建良主编:《宪法解释之理论与实务学术研讨会》,"中央研究院"中山人文社会科学研究所1999年版,第380页。此似有如下所述三阶理论之雏形,惟吴庚大法官于该号解释协同意见书,则另指称德国法上的三阶理论,于台湾地区未能通盘全面接受。

二、德国实务运作分析

(一) 三阶理论概述

德国《基本法》第12条第1项规定:"一、所有德国人均有自由选择其职业、工作地点及训练地点之权利,职业之执行得依法律管理之。"① 而所谓"职业"(Beruf),系指一切持续经营,并得借以获取及维持生活基础,且为社会所容许,具有经济意义,个人得以借此对社会公益提供贡献之行为②。德国联邦宪法法院于1958年6月11日所作成之药房判决③,为阐释《基本法》第12条第1项关于职业自由之规定,因而发展出三阶理论(Drei-Stufen-Theorie),即国家对于人民职业自由之限制,可区分为"职业执行自由之限制"、"职业选择之主观许可要件限制"、"职业客观许可要件限制"三种。系争限制属于何种阶层之确认,对于其合宪性要求之程度,居于相当重要之地位④,以下分别说明之:

(二) 职业执行自由之限制

所谓职业执行自由之限制,系指立法者对于职业活动之形式、方法、范围、内容等事项加以规范。例如,营业时间、个人执行业务之方式等。联邦宪法法院并于"禁止医师广告案"中揭示:"《基本法》第12条第1项第1句保障职业执行之自由,非只有职业职务本身,所有与职业有关及有助于职业行使之行为皆在保护之内。"该判决因而认为宣传接受医师服务之广告,亦属于职业执行自由之侵害⑤。另于"矿物油储存案"中,对于矿物油业者,负有定量储存之法律义务,认为属于职业执行限制⑥。此种规范仅触及职业活动的外围,尚未深入职业自由之核心领域,因而立法者基于公共福祉的合理考虑(vernünftige Erwägungen des Gemeinwohls)且合乎目的即可为之。于

---

① 中文译文,参照"司法院"网站(http://www.judicial.gov.tw/ 造访日期:2004/4/5)。
② BVerfGE 7, 377; 9, 78. 中文译文参照刘建宏:《德国法上之职业自由》,载《宪政时代》第18卷第2期,1992年10月,第59页以下。
③ BVerfGE 7, 377,判决之中文译文参见《德国联邦宪法法院裁判选辑》(一),萧文生译,"司法院"秘书处1990年版,第128页以下。
④ 〔德〕Ossenbühl, Die Freiheiten des Unternehmers nach dem Grundgesetz, AöR, 115, 1990. S.10。
⑤ BVerfGE 85, 248. 中译文请见《德国联邦宪法法院裁判选辑》(四),萧文生译,"司法院"秘书处1993年版,第347页。
⑥ BVerfGE 30, 292—336. 转引自参见《德国联邦宪法法院裁判选辑》(七),刘淑范译,"司法院"秘书处1997年版,第132—133页。

此阶层,系追求防卫人民遭受过度且不可预期的负担①。

(三) 职业选择之主观许可要件限制

职业选择之主观许可要件限制,谓自然人或法人在选择进入职业市场所应具备,而由职业申请人所可能完成之属人要件②。例如,个人的知识、年龄、体能上之要件、资力、无一定犯罪前科等。此种许可要件只有为保护"重要的社会共同利益"(wichtige Gemeinschaftsgüter)始合宪③。

(四) 职业客观许可要件限制

所谓对于职业客观许可要件,系指立法者对于某种职业之申请,制定特殊之许可条件,而个人对于该许可条件之成就完全没有影响力,此即为职业客观许可要件限制④。例如,德国联邦宪法法院于药房判决中,对于《药房法》中关于"对当地居民于药品需求供应不足时始得设立新药房"之规定以及禁止从事某种特定职业之人,再行从事其他种类之职业者之兼职禁止规定,皆属之⑤。由于个人对于职业客观许可要件限制不具备支配性,对于职业自由之限制最为强烈,因此其正当化之基础亦须相对地提高,必须基于特别重要的公益(Überragend wichtige Gemeinschaftsgüter)之可证明或最高或然性的严重危害(nachweisbare oder höchstwahrscheinliche schwere Gefahren)时,方合乎《基本法》第12条第1项之规定⑥。

第二款 财产权

第一目 财产权保障范围

"宪法"第15条规定:"人民之……财产权应予保障。"财产权是制度性保障之权利,旨在使个人得以形成自我责任的生活⑦,并自由发展人格⑧。不论自然人或法人皆得主张之。国家负有义务对于财产权的内容予以"形

---

① BVerfGE 7, 378;转引自吴坤芳:《职业证照制度之研究——以证照管制之合宪性为中心》,台湾大学法律学研究所硕士论文,1998年2月,第49页。

② 李惠宗:《宪法工作权保障之系谱》,载刘孔中、李建良主编:《宪法解释之理论与实务学术研讨会》,"中央研究院"中山人文社会科学研究所1999年版,第239—240页。

③ 李惠宗:《德国基本法所保障之职业自由——德国联邦宪法法院有关职业自由保障判决之研究》,载《德国联邦宪法法院裁判选辑》(七),刘淑范译,"司法院"秘书处,1997年版,第23页。

④ 刘建宏:《德国法上之职业自由》,载《宪政时代》第18卷第2期,1992年10月,第91页以下。

⑤ 关于职业客观许可要件限制之分类,参见上注,第101页以下。

⑥ Vgl. die Leitsätze 6. c),BVerfGE 7, 378;转引自吴坤芳:《职业证照制度之研究——以证照管制之合宪性为中心》,台湾大学法律学研究所硕士论文,1998年2月,第50页。

⑦ 李惠宗:《宪法要义》,台湾元照出版有限公司2001年版,第249页。

⑧ 大法官释字400号解释参照。

成",否则无从形成权利之具体内涵。惟国家对于财产权形成时,仍不得侵害财产权之核心领域,即"财产的私有性"与"财产的私用性"①。

古典财产权旨在保障"物的所有权之存续状态"(Bestandsgarantie des Eigentums),亦可称之为"所有权的存续保障"。大法官于释字400号解释:"'宪法'第15条关于人民财产权应予保障之规定,旨在确保个人依财产之存续状态行使其自由使用、收益及处分之权能,并免于遭受公权力或第三人之侵害,俾能实现个人自由、发展人格及维护尊严。"即此一见解之代表。物之所有权存续状态乃实务上保障之重心②,并扩及所有权之权能及其他债法上之请求权③,以及无体财产权④。

20世纪的财产权保障则扩张至财产权的价值保障(Wertsgarantie des Eigentums)⑤。换言之,财产权之标的扩张至所有具有经济上财产价值之权利(vermögenswerte Rechte),此种权利,往往来自私法上所有权所衍生之法律上利益,例如,设立并经营商业之权利(Recht am eingerichteten und ausgeübten Gewerebetrieb)。释字414号解释:"药物广告系为获得财产而从事之经济活动,涉及财产权之保障……"。此种财产权价值的保障,以经济上具有交易价值之标的为限,不具经济交易价值者,例如,血液、器官等不在财产权保障范围内⑥。

人民以获取财产之目的而从事经济活动(释字414号解释参照),此为工作保障范围,固无疑义。然而,人民透过经济活动创造财产,须以财产自由支配作为从事经济活动之必要前提,因而营业自由保障,亦为财产权保障范畴⑦。于营业自由范畴中,工作权与财产权保障往往有竞合的关系⑧,是故,释字514号解释释示:"人民的营业自由为'宪法'上工作权及财产权所保障。"

---

① 李惠宗:《宪法要义》,台湾元照出版公司2001年版,第249页。
② 陈爱娥:《"司法院"大法官会议中财产权概念之演变》,载刘孔中、李建良主编:《宪法解释之理论与实务学术研讨会》,"中央研究院"中山人文社会科学研究所1999年版,第393—420页。
③ 释字第335号(受领提存物之债权)以及释字386号(公债债权)。
④ 李惠宗:同前注①,第249页。释字492号明文揭示商标专用权为财产权之一种。
⑤ 陈爱娥:同前注②,第404页。
⑥ 李惠宗:同前注①,第254页。
⑦ 蔡茂寅:《经济自由的保障与限制》,载蔡茂寅等:《现代宪法论》,台湾元照出版公司2002年版,第174页。
⑧ 李惠宗:同前注①,第254页。

第二目 财产权之限制

财产权原则上固属私人所有，基于其个人利益而为使用（私用性），个人得对财产自由使用、支配、处分，惟财产权行使须有助于公益。质言之，财产权的社会拘束（Sozialbindung des Eigentums）①。是故，德国《基本法》第14条第2项规定："财产权负有义务。财产权之行使应同时有益于公共福利。"② 财产权受限制之对象如为所有人民或符合法定要件人民时，不构成特别牺牲，从而不生补偿问题③，例如，纳税、一般建筑限制等④。换言之，若未逾越财产负有社会拘束之范畴，即属国家形塑财产权内容，国家无须补偿。释字第564号解释："就私有土地言，虽系限制土地所有人财产权之行使，然其目的系为维持人车通行之顺畅，且此限制对土地之利用尚属轻微，未逾越比例原则，与宪法保障财产权之意旨并无抵触。"即此意旨。

国家得基于公共利益征收人民财产，或限制人民对于财产处分、使用、收益之权能。然人民因公益而特别牺牲其财产上之利益，国家自应予以补偿（释字400号参照），此乃负担平等原则（Grundsatz der Lastengleichheit）⑤之表现。深言之，如侵害手段足使所有权人已无从自由处分、使用、收益时，因此完全剥夺所有权，其限制使得所有权之机能无从发挥，发生征收之效果，即构成特别牺牲，此际，依法应予补偿。大法官释字400号解释揭示："既成道路符合一定要件而成立公用地役关系者，其所有权人对土地既已无从自由使用收益，形成因公益而特别牺牲其财产上之利益，国家自应依法律之规定办理征收给予补偿。"即为一明例。

关于"财产权负有社会拘束"与"征收"两者之区分标准为何？大法官释字440号解释明示："国家机关依法行使公权力致人民之财产遭受损失，若逾其社会责任所应忍受之范围，形成个人之特别牺牲者，国家应予合理补偿。"是故，两者之判断标准在于是否过度负有社会拘束，致造成所有权人特别牺牲，倘否则属财产权负有社会拘束范畴，所有权人应予以忍受，亦无须

---

① 陈爱娥：《"司法院"大法官会议中财产权概念之演变》，载刘孔中、李建良主编：《宪法解释之理论与实务学术研讨会》，"中央研究院"中山人文社会科学研究所1999年版，第407页。即大法官释字第577号所称之"社会义务"。
② 中文译文，参照"司法院"网站（http://www.judicial.gov.tw/ 造访日期：2004/4/5）。
③ 陈爱娥：同前注①，第409页。
④ 蔡茂寅：《经济自由的保障与限制》，载蔡茂寅等：《现代宪法论》，台湾元照出版有限公司2002年版，第172页。
⑤ 李惠宗译为"负担平衡原则"。

补偿①。

第三款　扣缴义务涉及工作权与财产权的保障

《所得税法》第88条至第89条之1及第92条规定，扣缴义务的内容包含扣留义务、缴纳义务、申报义务与填发义务等四项。此四项义务于扣缴义务人从事营利活动或职业活动中，给付应扣缴所得予纳税义务人时发生，故属扣缴义务人于经营业务或执行职业活动时所负之积极义务，且属于职业执行方式的规定，对于扣缴义务人本身职业活动中，附加一项活动的要求②，涉及工作权保障范围，对于工作权产生限制之效果。

再者，扣留与缴纳义务造成扣缴义务人，将其财产作为给付之报酬之一部或全部时，亦即以给付所得之方式支付予纳税义务人时，限制其不得完全移转所有权予纳税义务人。易言之，即扣缴义务人处分其财产时，须将所得之一部分扣留，并且须缴纳予税捐稽征机关，而不得全数径自支付予纳税义务人，扣缴义务人就其自由处分其财产之权能遭受限制。又，扣缴义务造成扣缴义务人于从事经济活动时，须附加额外义务，对于营业方式干预，营业自由产生侵害。尤其因扣缴义务之执行须支出之必要费用，须由扣缴义务人自行负担吸收，限制扣缴义务人之财产权，故扣缴义务亦涉及财产权的保障③。

第四项　以租税法律主义检验扣缴义务

第一款　租税法律主义内容

"宪法"第19条规定："人民有依法律纳税之义务。"人民仅于有法律规定时负有纳税之义务，"无法律，即无税捐"（nullum tributum sine lege）④，非有明确的法律依据，国家不得向人民课征税捐，此即为"租税法律主义"之表现，其法理基础为"民主原则"与"法治国家原则"⑤。租税法律主义之宪法依据乃"宪法"第19条，而法律保留原则之依据为"宪法"第23条，两者关系为

---

① 大法官释字第577号解释文亦称："又于烟品容器上应为上述之一定标示，纵属对烟品业者财产权有所限制，但该项标示因攸关国民健康，乃烟品财产权所具有之社会义务，且所受限制尚属轻微，未逾越社会义务所应忍受之范围，与'宪法'保障人民财产权之规定，并无违背。"

② BVerfGE36, 380, [384].

③ 于德国法上，扣缴义务似亦涉及企业自由（Unternehmer）。关于企业自由, Vgl. Ossenbühl, a.a.O., S.2 ff.

④ 黄茂荣：《税捐法论衡》，台湾植根法学图书编辑室1991年版，第20页。

⑤ 黄茂荣：同上注，第20页；陈清秀：《税法总论》，台湾翰芦图书出版公司2001年版，第38页。

何?吴庚氏认为租税法律主义可谓法律保留中"高密度"之部分[1],释字508号与释字566号解释则称:"免征遗产税或赠与税之规定及函释,均系增加法律所无之限制,违反'宪法'第19条租税法律主义,亦与'宪法'保障人民财产权之意旨暨法律保留原则有违,应不再适用。"于税务案件中,大法官将两者并陈,同时审查。实者,两者功能相仿,内容相当。似得以租税法律主义为"宪法"第23条之法律保留之特别规定,上开四项扣缴义务,属于"国家"课征所得税之稽征方式之一,应属于大法官释字第217号解释所言之"纳税方法",固属租税法律主义之范畴,应有租税法律主义之适用,故本书以下就租税法律主义讨论之:

关于租税法律主义其内容主要有三:课税要件法定主义、构成要件明确性原则、程序法上合法性原则[2],兹分述如下:

1. 课税要件法定主义

课税要件法定主义,乃如同罪刑法定主义般所建立之原则,因课税的作用系侵害人民的财产权,因而,纳税义务所须具备的要件均应由法律定之。此主义系从法治国家原则所导出,国会对于课征税捐的重要事项,包含税捐主体(税捐债务人)、税捐客体、税捐客体的归属、税基、税率以及税捐之减免及加重事由,均应以法律规定。大法官亦多次重申上述意旨,大法官释字第217号:"'宪法'第19条规定人民有依法律纳税之义务,系指人民仅依法律所定之纳税主体、税目、税率、纳税方法及纳税期间等项而负纳税之义务。至于课税原因事实之有无及有关证据之证明力如何,乃属事实认定问题,不属于租税法律主义之范围。"明示租税法律主义的范围[3],亦认为课税原因事

---

[1] 吴庚:《行政法之理论与实用》,台湾三民书局2003年版,第99页。
[2] 关于租税法律主义中文文献甚丰,参见康炎村:《税法原理》,台湾凯仑出版社1987年版,第79页以下;陈清秀:《税法总论》,台湾翰芦图书出版有限公司2001年版,第38页以下;刘剑文主编:《财政税收法》,法律出版社2003年版,第183—184页;林凤珠:《税捐法定主义在现行税法之实践》,台湾大学法律学研究所硕士论文,1985年7月,第26页。柯格钟:《税捐稽征协力义务与推计课税》,台湾大学法律学研究所硕士论文,1998年6月,第18页以下;黄源浩:《税法上的类型化方法——以合宪性为中心》,台湾大学法律学研究所硕士论文,1999年6月,第113页以下;邱天一:《实质课税原则之研究——以释字第420号解释为中心》,中原大学财经法律学研究所硕士论文,2001年6月,第98页以下;陈昭华:《论租税优惠制度及其在宪法原则之限制》,载《辅仁学志》(法、管理学院之部),2000年第30期,第115页以下;陈清秀:《税捐法定主义》,载《当代公法理论:翁岳生教授六秩诞辰祝寿论文集》,1993年版,第589页;杨志文:《论税法施行细则之司法审查》,2003年6月,台湾大学法律学研究所硕士论文,第10页以下。其中康炎村与邱天一就租税法律主义内容皆认为除本书所叙述,亦含"手续之保障原则"。
[3] 释字367、369、385、413、496号亦同此意旨。

实之有无及证据之证明力如何,系属事实认定问题,不属于租税法律主义之范畴。举凡应以法律明定之税捐项目,自不得以命令取代法律或作违背法律之规定①。惟国会就税捐之课征要件,亦得于授权目的、范围、内容明确下,授权行政机关于法规命令中规定之。就此大法官释字第346号亦明文揭示之②。该号解释认为:"'宪法'第19条规定人民有依法律纳税之义务,系指有关纳税之义务应以法律定之,并未限制其应规定于何种法律。法律基于特定目的,而以内容具体、范围明确之方式,就征收税捐所为之授权规定,并非'宪法'所不许。《国民教育法》第16条第1项第3款及《财政收支划分法》第18条第1项关于征收教育捐之授权规定,依上开说明,与'宪法'尚无抵触。"

2. 构成要件明确性原则

法治国原则的要求下,一切创设税捐义务的法律规定,就其内容、标的、目的及范围必须确定,使纳税义务人得以预知税捐的负担有无与多寡。换言之,法律必须在内容上规范税捐行政活动,不得仅提出模糊的各项原则。大法官释字第521号解释理由书亦认为:"法律明确性之要求,非仅指法律文义具体详尽之体例而言,立法者于立法定制时,仍得衡酌法律所规范生活事实之复杂性及适用于个案之妥当性,从立法上适当运用不确定法律概念

---

① 释字413号解释。

② 大法官释字346号解释解释文:"'宪法'第19条规定人民有依法律纳税之义务,系指有关纳税之义务应以法律定之,并未限制其应规定于何种法律。法律基于特定目的,而以内容具体、范围明确之方式,就征收税捐所为之授权规定,并非'宪法'所不许。《国民教育法》第16条第1项第3款及《财政收支划分法》第18条第1项关于征收教育捐之授权规定,依上开说明,与'宪法'尚无抵触。"解释理由书:"'宪法'第19条规定人民有依法律纳税之义务,前经本院释字第217号解释明其意旨。有关纳税义务之事项,固宜于名为税法之法律中规定之,惟'宪法'并未限制其应规定于何种法律,而立法机关就某种税捐是否课征,认为宜授权主管机关裁量,因而以目的特定、内容具体及范围明确之方式,所为之授权规定,亦非'宪法'所不许。《国民教育法》为支应办理国民教育所需经费,于其第16条第1项第3款规定:'省(市)政府就省(市)、县(市)地方税部分,在税法及《财政收支划分法》规定限额内筹措财源,径报'行政院'核定实施,不受《财政收支划分法》第18条第1项但书之限制。'《财政收支划分法》第18条但书规定:'但直辖市、县(市)(局)为筹措教育科学文化支出财源,得报经'行政院'核准,在第16条所列县(市)(局)税课中不超过原税捐率30%征收地方教育捐。'依其立法意旨,系因法律所定有关地方税之税捐率,有其伸缩弹性,本已由地方民意机关通过决定,无须于征收不超过原税捐率30%地方教育捐时,再经地方民意机关同意,以免发生困难。并非谓行政机关可提高其经地方民意机关通过决定之原税捐率;而只系授权主管机关在法律所定不超过原税捐率30%之范围内,得径行核定实施而已。其情形合于上述目的特定、内容具体及范围明确之授权要件,与'宪法'尚无抵触。至为筹措国民教育经费来源,是否只对多种地方税中之某种税力征一定比率之教育捐,则属行政机关在法律授权范围内依法裁量之问题,应由行政机关通盘斟酌并随时检讨改进之,乃属当然,合并指明。"

或概括条款而为相应之规定。有关受规范者之行为准则及处罚之立法使用抽象概念者，苟其意义非难以理解，且为受规范者所得预见，并可经由司法审查加以确认，即不得谓与前揭原则相违，业经本院释字第432号解释阐释在案。"[1] 惟不确定法律概念之用字遣词，太过于一般，不明确时而接近于内容空洞，导致行政机关有恣意滥用公权力之虞，则应认为违反构成要件明确性原则而认为无效[2]。

3. 程序法上合法性原则

程序法上合法性原则意指：税捐稽征机关原则上不仅有其权限，且有义务课征法律上应负责的税捐，因税法性质上为强行法规严格要求税捐稽征机关依法律核定并征收税捐，一切因构成要件之实现所产生的税捐债权，税捐行政机关应采取一切必要措施，排除此项权利的障碍。税捐之额度，税捐稽征机关不得与纳税义务私下让步达成协议，无和解原则之适用[3]。税捐稽征机关之税捐课征之行政行为，非属行政裁量的问题，应依法强制其公平核定及征收税捐。换言之，税捐之种类及范围皆系法定，是否征收，税捐稽征机关毫无判断余地[4]，易言之，税法原则上不适用行政法上的"便宜原则"[5]。

第二款　以租税法律主义审查

所得税法上扣缴义务，除各类扣缴率外，关于扣缴义务人，与扣留缴纳、申报与填发义务等四项义务，扣缴客体（即所得类型）以及义务之发生时点等率皆规定于《所得税法》第88条、第89条、第92条与第94条之法条中。吾人可得知关于扣缴义务之规定属规定于形式意义法律（按经"立法院"通过，"总统"公布之法律），符合租税法律主义中"课税构成要件法定主义"，固无违反租税法律主义。

至于扣缴率乃规定于"行政院"发布之"各类所得扣缴率标准"之法规命令中，此法规命令乃授权自《所得税法》第88条第2项："本条各类所得之扣缴率及扣缴办法，由'财政部'拟订，报请'行政院'核定发布之。"惟就扣缴率而言，规定于法规命令中，参照释字第346号之意旨，"国会"就税捐之课征

---

[1] 释字432、491号亦同此意旨。关于法律明确性原则，详见姜悌文：《行政法学上之明确性原则》，中兴大学法律学研究所硕士论文，1998年6月。
[2] 陈清秀：《税法总论》，台湾翰芦图书出版有限公司2001年版，第41页。
[3] 葛克昌：《人民有依法律纳税之义务——以大法官会议解释为中心》，载《税法基本问题》，台湾月旦出版公司1997年版，第160页。
[4] 同上注。
[5] 陈清秀：同前注[2]，第42页。

要件,虽得于授权目的、范围、内容明确下,授权行政机关于法规命令中规定之。惟立法者于《所得税法》第 88 条第 2 项中,授权范围并无限制,未如同释字第 346 号解释之标的——《国民教育法》第 16 条第 1 项第 3 款①,授权范围限制于原税捐率 30% 以下,故关于《所得税法》第 88 条第 2 项,似可指摘扣缴率之授权规定,有授权不明确之虞,从而,违反租税法律主义②。

第五项 以比例原则检验扣缴义务

第一款 比例原则之源起及其理论基础

所谓基本侵害之宪法上正当性,即基本权之侵害具备阻却违宪事由,除平等原则之外,居于重要地位者莫过于比例原则。其最早源于 19 世纪警察法的理论与实务,原本旨在防御警察权对人民权利的过度侵害③,然随着违宪审查制度之建立,行政法上的比例原则逐渐被提升为具有宪法位阶之原理原则。于 1958 年 6 月 11 日"药房"判决(Apotheken-Urteil)中,德国联邦宪法法院正式将比例原则依审查顺序区分为适当性(Geeignetheit)、必要性(Erfordlichkeit)、和狭义比例原则(Verhältnismäβigkeit)三个次原则,自此而后,比例原则便透过违宪审查,发挥基本权限制之界限的功能④,所有国家行为(包含立法、行政和司法)皆受其拘束⑤。

第二款 比例原则的内容

比例原则乃以"方法"与"目的"的关联性切入,检视国家行为之合宪性,避免人民自由与权利遭受过度侵害。依通说之见解比例原则得分为下位三个子原则⑥:

一、适当性原则:适当性原则指行为应适合预期目的之达成;且只要手段不是"完全"(völlig)或"全然"(schlechthin)不适合达成目的即可,换言之,

---

① 参见大法官释字 346 号,同 24 页注②。
② 吴金柱氏主张现行法上扣缴率以行政命令定之,有违租税法律主义。见吴金柱:《扣缴率法律规定之探讨》,载《税务旬刊》第 1863 期,2003 年 7 月,第 22 页下。
③ 陈新民:《论宪法基本权利之限制》,载《宪法基本权利之基本理论【上册】》,台湾元照出版有限公司 2002 年 7 月五版,第 256 页以下;盛子龙:《比例原则作为规范违宪审查之准则——西德联邦宪法法院判决及学说之研究》,台湾大学法律研究所硕士论文,1989 年 6 月,第 1 页。
④ 〔德〕Jakobs, Michael Ch.: Der Grundsatz der Verhältnismäβigkeit, DVBl. 1985, S. 7.转引自盛子龙:同上注,第 1 页。
⑤ BVerfGE 19, 342 (348f); 20, 45 (49f.).转引自盛子龙:同前注③,第 1 页。
⑥ 关于比例原则之详细论述,可参阅陈新民:同前注③,第 239 页以下;盛子龙:同前注③,第 7 页以下;蔡宗珍:《公法上之比例原则初论——以德国法的发展为中心》,载《政大法学评论》第 62 期,1999 年 12 月,第 75 页以下。

只要手段能部分地达成目的,即不违反此原则①。

二、必要性原则:谓为行为不超越实现目的之必要程序,意即达成目的有众多手段时,须采取侵害人民权益最小的手段;

三、衡平性原则(亦即狭义比例原则):乃指对于基本权之侵害程度与所欲达成之目的,须处于一种合理且适度的关系,采取之方法与所造成之损害不得与欲达成之目的利益显失均衡。此原则强调"受限制之利益"与"受保护之利益"间之利益衡量,期能达成利益和谐之目的②。

从上述内容亦可得知,《行政程序法》第7条可谓通说论述之条文化。

第三款 比例原则在台湾地区实务之运用

在台湾地区,通说认为比例原则是从"宪法"第23条规定中导出,亦即以"宪法"第23条所定之"除……所必要者外,不得以法律限制之"作为比例原则"宪法"上之依据③,职司台湾地区"违宪"审查之大法官,亦多运用比例原则审查规范"违宪"之标准,例如释字534、510号等近百则解释,足见比例原则为台湾地区"宪法"上原理原则,为大法官从事"违宪"审查普遍运用之原理原则。其中值得吾人注意者为释字476号解释,其解释文首段:"人民身体之自由与生存权应予保障,固为'宪法'第8条、第15条所明定;惟国家刑罚权之实现,对于特定事项而以特别刑法规定特别之罪刑所为之规范,倘与'宪法'第23条所要求之目的正当性、手段必要性、限制妥当性符合,即无乖于比例原则,要不得仅以其关乎人民生命、身体之自由,遂执两不相侔之普通刑法规定事项,而谓其系有违于前开'宪法'之意旨。"足见大法官认为"目的正当性"、"手段必要性"与"限制妥当性",三个概念共同构成比例原则之内容。就"手段必要性"与"限制妥当性"各近似于前述"必要性原则"与"衡平性原则"④。惟与前述比例原则内容相较,增加"目的正当性"的要求,而无"适当性原则",是否有意与德国法之比例原则概念相区隔,不得而知⑤。

---

① 盛子龙:《比例原则作为规范违宪审查之准则——西德联邦宪法法院判决及学说之研究》,台湾大学法律研究所硕士论文,1989年6月,第22页。

② 李建良:《基本权利理论体系之构成及其思考序列》,载《宪法理论与实践(一)》,台湾学林文化事业有限公司1999年版,第94页。

③ 蔡宗珍:《公法上之比例原则初论——以德国法的发展为中心》,载《政大法学评论》第62期,1999年12月,第89页。

④ 许宗力:《比例原则与法规违宪审查》,载《战斗的法律人——林山田教授退休祝贺论文集》,台湾元照出版有限公司2004年版,第221页。

⑤ 关于大法官对于比例原则运用之说明可参考释字第578号许宗力大法官协同意见书。

第四款 以比例原则审查
第一目 以比例原则检验

扣缴制度之目的通说皆谓：其目的为便利稽征机关得以掌握税源资料、达成维护租税公平、确保国库收入[①]，且有利于国库资金调度[②]，以增进公共利益为其立法目的，系属"合宪"之立法目的。虽符合目的之"合宪"性，惟仍须符合比例原则等"宪法"原理原则。而比例原则如前所述，则包含适当性原则、必要性原则、衡平性原则，以下依序分别检验之：

一、适当性原则

为达成并确保国库收入与有利于国库资金调度，扣缴税款须具有预付所得税债务之性格[③]，然而，自给付予纳税义务人时，扣留一部税款，并由扣缴义务人交予税捐稽征机关，有助于预付债务之目的达成，并确保国家税捐债权，降低灭失之可能性。再者，扣缴义务人居于给付应扣缴所得之清偿地位，掌握所得之给付之实情，由扣缴义务人扣留并缴纳税款，系有助于上揭目的的达成。

另就申报义务与填发义务而言，经由扣缴义务人之申报，税捐稽征机关方得知悉纳税义务人之所得状况，以便于日后与纳税义务人结算申报之查核，具有勾稽之作用。借此，税捐稽征机关并得审查扣缴义务人有无正确扣留或缴纳税款，皆有助于国家掌握纳税义务人之税捐资料，故符合适当性原则。至填发义务而言，因纳税义务人遭扣留一部分所得，由扣缴义务人填发扣缴凭单予纳税义务人，使得纳税义务人了解所得税已清偿之税额为何，免于日后与国家产生纠纷，造成国库的损失，固有助于目的的达成。

二、必要性原则

必要性原则之内容为达成目的有众多手段时，须采取侵害人民权益最

[①] 〔日〕金子宏：《租税法》，弘文堂1994年第9版，第681页；林进富：《租税法新论》，台湾三民书局1999年版，第302页。

[②] 大法官释字327号解释理由书；陈敏：《扣缴薪资所得税之法律关系》，载《政大法学评论》第51期，1994年6月，第48页。

[③] 黄世鑫氏则认为所得是一种流量，所得税应于取得所得时缴纳；实务上采扣缴制度，可缩小实际缴纳租税与纳税义务发生时之时间上的落差。柯格钟氏则认为对于稽征机关面临举证之困难，有用以保存证据方法之功能。宋义德氏则主张扣缴制度的功能有五：(1)配合国家财政需要，调度国库资金；(2)掌握纳税义务人的所得资料，防止逃漏；(3)减轻纳税人的年终一次缴纳之负担；(4)所得与费用具有互相勾稽作用；(5)引导纳税人主动办理综合所得税结算申报，建立纳税观念。详参黄世鑫：《扣缴率或税率：程序或实体》，载《月旦法学》第82期，2002年3月，第26—27页；柯格钟：《税捐稽征协力义务与推计课税》，台湾大学法律学研究所硕士论文，1998年6月，第65页；宋义德：《浅谈"我国"现行各类所得扣缴制度及相关规定》，载《财税研究》第34卷第1期，2002年1月，第159—160页。

小的手段。然而，对于上揭四项扣缴义务而言，客观上实无任何其他手段可资采取，固符合必要性原则。纵如释字 327 号声请人于"释宪"声请书上指摘关于申报义务与填发义务，实无必要，有"违宪"云云①。然就申报义务而言，扣缴义务人之申报义务皆为通知税捐稽征机关三项事项：所得人、给付额、扣缴税额。其乃为通知税捐稽征机关扣缴情形，以便税捐稽征机关查核并掌握所得资料，近似民法上委任关系中之报告义务，有助于扣缴目的之达成，且为侵害人民权益最小之手段，符合必要性原则。

至填发义务而言，该声请人亦质疑纳税义务人为境外营利事业时，因其不适用《所得税法》第 71 条有关结算申报之规定，扣缴义务人依限扣取税款并缴纳"国库"，已达税捐稽征机关控制税收之目的；扣缴义务人向"国库"缴纳所扣取之税款时，亦须填写扣缴税额通知书，税捐稽征机关即掌握查核所须知资料，实无另行责令扣缴义务人制作扣缴凭单之必要②。然扣缴凭单与免扣缴凭单可谓扣缴义务人于给付扣留或免扣留税款之凭证，供纳税义务人收执存查，以便于知晓其所得已缴纳税额之情况③，因而不论纳税义务人是否另须结算申报，有其存在之正当性。至于应由税捐稽征机关填发，抑或由扣缴义务人填发扣缴凭单？如由扣缴义务人填发扣缴凭单，因其最接近所得给付之实情，亦利于纳税义务人所得额之勾稽，有助于扣缴目的之达成，系侵害人民权益最小之手段，故得通过必要性原则审查。

三、衡平性原则

衡平性原则乃追求采取之方法与所造成之损害不得与欲达成之目的利益显失均衡。然而上揭四项扣缴义务，对于扣缴义务人而言，虽然审查有无

---

① 周伟焜：《大法官释字 327 号释宪声请书》，见本书第四章第三节第二项第一款。
② 同上注。
③ "最高法院"2002 年台上字第 7411 号判决："至于所得税之扣缴义务人依《所得税法》第 89 条第 3 项填发之免扣缴凭单，或依同法第 92 条开具之扣缴凭单，其用意在于方便税捐稽征机关搜集及掌握课税资料，以利税捐之核课，并非证明交易事项发生之经过而为造具记账凭证，或证明处理会计事项人员之责任而为记账所根据之凭证，自难认系商业会计法所称'原始凭证'或'记账凭证'。原判决认系争各类所得扣缴暨免扣缴凭单，属商业会计法所称会计凭证，难谓无适用法则不当之违误。""最高法院"2003 年台上第 1136 号判决："而所得税扣缴义务人依《所得税法》第 89 条第 3 项或同法第 92 条规定，填发免扣缴凭单或扣缴凭单，旨在使税捐稽征机关搜集及掌握课税资料，以利税捐稽征。就营利事业所得税核课而言，依《营利事业所得税查核准则》第 71 条第 11 款规定，薪资支出之原始凭证，为收据或签收之名册，其由工会或合作社出具之收据，应另付工人之印领清册，职工薪资如系送交银行分别存入各该职工账户者，应以银行盖章证明存入之清单予以认定。则员工薪资扣缴暨免扣缴凭单，仅系证明全年度支付员工薪资及代为扣缴综合所得税之情形，为征、缴双方课征与申报综合所得税之依据，其既非造具记账凭证所根据之凭证，亦非证明处理会计事项人员之责任，而为记账所根据之凭证，自非《商业会计法》第 15 条所规定之商业会计凭证。"

扣缴义务导致有额外花费，然是可忍受的(erträglich)，亦非完全地与企业活动不相扞挌，且对于企业的运作并无决定性的影响，或是重大的影响营业的利益，至多仅轻微地妨碍其利润之收益额①。换言之，扣缴义务人履行扣缴义务所造成扣缴义务人费用的支出(例如，雇用会计人员、购买文具、账本与邮资费)，虽随其扣缴义务人所雇用员工人数增加而递增，然员工人数增加亦多少代表企业营业额或年度预算额亦相对递增，是故，因扣缴所支出之费用，占企业营业额或年度预算额比率仍属偏低，对于营利事业利润之减损影甚小，尚未过分侵害扣缴义务人工作权，故符合衡平性原则②。

第二目　以德国三阶理论检验之

以德国联邦宪法法院所创设之三阶理论审查，诚如联邦宪法法院所述，扣缴义务乃涉及对于执业方式的规制③。再者，扣缴目的系为追求公共利益，系对于公共福祉的合理考虑(vernünftige Erwägungen des Gemeinwohls)且合乎目的即可为之，故以课予扣缴义务为手段，对于扣缴义务人而言，属可忍受的(erträglich)范围，亦对于企业的运作并无决定性的影响④，无过度且不可预期的负担之可能性，因而，手段上符合比例原则，是故，联邦宪法法院于审查相关德国所得税法上扣缴制度，皆认定为合宪⑤。

第六项　以平等原则检验扣缴义务

第一款　平等原则之内涵

就基本权侵害之"合宪"性而言，除须符合比例原则外，亦须符合平等原则，方具有"合宪"之正当性。"宪法"第 7 条规定："'中华民国'人民，无分男女、宗教、种族、阶级、党派，在法律上一律平等。"本条明文揭橥"平等原则"之精神，其效力为"宪法"第二章所有条文之基础⑥，而具有"笼罩作用"⑦。且无论是"本国"人或"外国"人皆得享有之⑧。

---

① BVerfGE36, 380, [386].
② 倘依大法官释字 476 号解释所述之比例原则内涵检验之，亦难谓扣缴义务不具有"目的正当性"，亦符合大法官所谓"手段必要性"与"限制妥当性"之要求，而得通过大法官所谓之比例原则之检验。
③ BVerfGE36, 380, [384].
④ BVerfGE36, 380, [386].
⑤ BVerfGE36, 380.；BVerfGE, Beschl. V.17.2. 1977.
⑥ 翁岳生：释字 455 号解释协同意见书。
⑦ 吴庚：《宪法的解释与适用》，台湾三民书局 2003 年版，第 177 页。
⑧ 同上注，第 180 页。

第二章　所得税法上扣缴之实务问题研析

平等原则之旨趣在于禁止国家权力在无正当理由的情况下,对于相同类别之规范对象作不同之处理①,即所谓"相同事物作相同处理,不同事物作不同处理"。而所谓法律上平等,解释上包含"适用法律之平等"以及"制定法律之平等"②。然"'宪法'第7条平等原则并非指绝对、机械之形式上平等,而系保障人民在法律上地位之实质平等,立法机关基于'宪法'之价值体系及立法目的,自得斟酌规范事物性质之差异而为合理之区别对待。"(释字485号解释参照)虽"立法者于制定法律时,于不违反宪法之前提下,固有广大的形成自由,然当其创设一具有体系规范意义之法律原则时,除基于重大之公益考量以外,即应受其原则之拘束,以维持法律体系之一体性,是为体系正义。而体系正义之要求,应同为立法与行政所遵守,否则即违反平等原则"③。换言之,虽立法者对于相同事物得作不同处理,享有广大的形成自由,然如非基于重大公益之考量,无论是立法者故意或过失,立法者不应于制定法律时有差别待遇,给予一部分人民歧视或不利益以及给予一部分人民特权或优待④。

就"等者,等之"情形,大法官认为得于"'宪法'之价值体系及立法目的,自得斟酌规范事物性质之差异而为合理之区别对待";然就"不等者,不等之"情形,是否得"合理之相同对待",是否得基于"'宪法'之价值体系及立法目的,斟酌规范事物性质之差异而为合理之'相同'对待"? 大法官于少数解释中,虽有面临此一问题,然大法官惜未对此表示明白判断标准何在⑤。

第一目　恣意禁止原则

就平等原则之审查而言,德国于魏玛共和时代,提出"恣意禁止原则"(Willkürverbot)⑥,认为立法者若未经过"理智的公益考量",对于相同事物,而为差别待遇时,即属恣意,此为宪法所不许⑦。德国联邦宪法法院并长期

---

① BVerfGE67, 231；72, 141 (150). 转引自李建良:《论法规之司法审查与违宪宣告》,载《宪法理论与实践(一)》,台湾学林文化事业有限公司1999年版,第461页。
② 吴庚:《宪法的解释与适用》,台湾三民书局2003年版；陈新民:《平等权的宪法意义》,载《宪法基本权利之基本理论(上册)》,台湾元照出版有限公司2002年版,第503页；Vgl.〔德〕Badura, Staatsrecht, München 2003, 3. Aufl., S.142.
③ 翁岳生:释字455号解释协同意见书。
④ 吴庚:同前注②,第181页。
⑤ 释字第263号(掳人勒赎死刑案)、第369号(自住房屋与他住房屋房屋税免税额不同)、释字473号(全民健保保险费案),似未详细阐释为何"不等者,等之"之理由。仅于释字236号言及此际有刑法第59条合理条款补救,或于释字369号言及"属立法裁量范畴"。
⑥ 此为德国学者Heinrich Triepel与Hard Leibholz所提出。Vgl.〔德〕Badura, a.a.O, S.142.
⑦ 〔德〕Badura, a.a.O., S.142.

引为判决之基础,并认为立法者对于所欲加以规范之人与事物,加以理智的考量,并依事物的本质(Natur der Sache),加以相同或不同处理,倘无法依事物本质,或其他方法得出明显之理由以作为区分或相同对待,即为恣意,亦即违反平等原则[1],从而恣意禁止即违反平等原则之判断基础[2]。惟此一恣意禁止公式,联邦宪法法院运用的极为宽松,仅于未能发掘合理理由为差别待遇或相同待遇时,方为恣意。近年来,则另发展出"新公式"(Neue Formel)[3],而有转严之趋向。

第二目 不当联结禁止原则

按所谓不当联结禁止原则,即行政行为与所欲达成之目的须具有正当合理关联,如无实质内在关联者,则不得互相结合,禁止"与事件无关之考虑"[4],此乃源自于法治国原则[5]及禁止恣意原则[6],因此,具有宪法位阶的效力[7]。《行政程序法》第94条即承此意旨明文定之。倘国家结合各种武器对付人民,则人民的地位将毫无保障[8],是故立法、行政与司法作用皆不可违反此种"理性"上最低程度的要求[9],率断而为立法、行政与司法行为。此原则最主要适用于公法契约与行政处分附款之领域,惟于立法行为领域亦得

---

① 〔德〕Badura, a. a. O., S. 142.;A. Gern, Die Natur der Sache als Rechtsgrundsatz im Verfassungs-und Verwaltungsrecht Jus, 1987, S. 852. 转引自高文琦:《论事物本质对司法之作用》,载《宪政时代》第20卷第1期,1994年7月,第94页。

② 高文琦:同上注,第94页。

③ 关于新公式之中文文献请参照许宗力:《从大法官解释看平等原则与违宪审查》,载李建良、简资修主编:《宪法解释之理论与实务(第二辑)》,"中央研究院"中山人文社会科学研究所2000年版,第87页。

④ 另可参照"最高行政法院"2001年判字第1704号判决,摘录如下:"行政法所谓'不当联结禁止'原则,乃行政行为对人民课以一定之义务或负担,或造成人民其他之不利益时,其所采取之手段,与行政机关所追求之目的之间,必须有合理之联结关系存在,若欠缺此联结关系,此项行政行为即非适法。"

⑤ 陈清秀:《行政法的法源》,收入于翁岳生主编:《行政法2000(上册)》,台湾翰芦图书出版有限公司2000年版,第136页。

⑥ 林锡尧:《论行政法之一般法律原则(下)》,载《财税人员进修月刊》第66期,第13页。

⑦ 学者陈清秀与赵义德均认为不当联结禁止原则乃自宪法上原理原则所导出,故亦为具宪法上位阶之原理原则。赵义德:《析论不当联结禁止原则》,载城仲模主编:《行政法之一般法律原则》,台湾三民书局1994年版,第228页;陈清秀:同前注⑤,第136页。

⑧ 吴启玄:《限制出境制度之实务研析》,台湾翰芦图书出版有限公司2003年版,第222页。

⑨ 李惠宗:《缴清罚锾才可以换行照吗?》,台湾《本土法学杂志》第30期,2001年1月,第93页。

适用①。

第二款　以平等原则审查

虽扣缴义务因构成扣缴义务人私有财产行使上的限制,涉及财产权的侵害,手段的选择上符合比例原则,已如前述。再者,扣缴义务人因基于给付所得之枢纽地位,故课予扣缴义务,不违反平等原则②。复应予探究者为,扣缴义务系属"财产权负有社会拘束",抑或对于财产权发生"征收"之效果?从扣缴义务内容观察,上揭四项义务,对于财产之行使所构成之侵害显属轻微,未导致扣缴义务人对于其财产完全无法行使或处分,故仍未发生"征收"之效果。又,扣缴义务人执行扣缴义务所支出之必要费用,虽由扣缴义务人自行负担,惟占扣缴义务人营业额或年度预算额比率仍属偏低,对于营利事业利润之减损影响甚小,准此,国家对于扣缴义务人亦无需补偿,此属社会责任所应忍受的范畴,对于财产权之限制尚属轻微,亦未逾越比例原则,应与宪法保障财产权之意旨并无抵触。再者,财产权受限制之对象为符合法定要件之人民时,不构成特别牺牲,从而不生补偿问题③,亦不违反"负担平等原则"。联邦宪法法院亦认为扣缴义务是一无偿的义务,虽未有补偿规定,然仍未违反对于财产权的保障④。

第七项　小结——扣缴义务之合宪性基础

扣缴义务目的为便利稽征机关得以掌握税源资料、达成维护租税公平、确保国库收入等公共利益之追求⑤,且系有利于国库调度之必要手段。而扣缴义务乃对于扣缴义务人之职业活动与营业自由之限制,亦造成扣缴义务人处分其财产时之干预且因执行扣缴事务,须自行吸收与负担必要费用的支出。换言之,扣缴义务限制扣缴义务人之工作权与财产权。惟扣缴义务中四项义务,符合租税法律主义之精神。又四项义务皆有助于国家税源资

---

① 赵义德:《析论不当联结禁止原则》,载城仲模主编:《行政法之一般法律原则》,台湾三民书局1994年版,第238页。另赵义德认为不当联结禁止原则之型态有四:(1)目的与手段之合理联结;(2)对待给付间实质上关联;(3)不相关因素考虑之禁止;(4)公益范围之联结。详细说明请参阅赵义德:同注,第230—232页。

② 最(大)判昭和三十七年二月二十八日刑集16卷2号212第,转引自〔日〕金子宏《租税法》,弘文堂1994年第9版,第682页。

③ 同上注;陈爱娥:《"司法院"大法官会议中财产权概念之演变》,载刘孔中、李建良主编:《宪法解释之理论与实务学术研讨会》,"中央研究院"中山人文社会科学研究所1999年版,第409页。

④ BVerfGE36, 380, [386]。

⑤ "最高行政法院"2003年判字第1143号与2003年判字第1132号判决。

料之掌握,便于国家资金之调度,且为最小侵害手段。再者,因从事扣缴义务所支出之费用,占扣缴义务人营业额或年度预算额比率仍属偏低,对于营利事业利润之减损影响甚小,尚未过分侵害扣缴义务人工作权与财产权,亦符合衡平性原则。质言之,扣缴义务未抵触比例原则。准此,大法官释字317号解释认为"扣缴或申报义务,乃法律规定之作为义务,其目的在使'国家'得以确实掌握课税资料,为增进公共利益所必要,与'宪法'并无抵触。"实值赞同,德国学者亦咸认为扣缴属公法上职务执行(Öffentliche Dienstleistung),乃基于《基本法》第12条与第14条因为公共利益而负有义务[①]。且从比较法观察亦皆肯认扣缴义务之课予,无违宪之虞[②]。惟就扣缴率部分,似有授权不明确之虞,而有违租税法律主义,仅以明定于所得税法中为宜。

另值得注意者为《中华人民共和国税收征收管理法》第30条第3款:"税务机关按照规定付给扣缴义务人代扣、代收手续费。"另《中华人民共和国个人所得税法》第11条规定:"对扣缴义务人按照所扣缴的税款,付给2%的手续费。"明文规定扣缴义务人所负之扣缴义务系一有偿义务,国家依扣缴税额2%补偿扣缴义务人,表明扣缴义务人收取一定的代扣代收税款的手续费[③],充分保障扣缴义务人宪法上的财产权,此一立法例,实值得吾人参考。

第三节 扣缴义务之实务争议
——扣缴义务人应由营利事业负责人担任?

第一项 现行法之规定

所得税法上扣缴义务人,系指依所得税法规定,应自付与纳税义务人之给付中扣缴所得税款之人(《所得税法》第7条第5项参照[④])。另依现行《所得税法》第89条与第89条之1规定,扣缴义务人依所得性质之不同[⑤],而有

---

① BVerfGE 22, 380 v. 29.11.1967. Vgl.〔德〕Franzen/Gast/Joecks, Steuerstrafrecht, 5. Aufl., 2001, S.587.

② 葛克昌:《综合所得税与宪法》,载《所得税与宪法》,台湾翰芦图书出版有限公司2003年版,第79页;黄茂荣:《税法总论》(第1册),台湾植根法学丛书编辑室2002年版,第315—316页。

③ 卞耀武:《税收征收管理法概论》,人民法院出版社2002年版,第107页。

④ 《中华人民共和国税收征收管理法》第4条第2款规定:"法律、行政法规规定负有代扣代缴、代收代缴税款义务的单位和个人为扣缴义务人。"

⑤ 《税捐稽征法》第6条第3项规定执行法院为扣缴义务人;《平均地权条例》第79条与《土地税法》第52条则规定直辖市或县(市)政府为扣缴义务人。

第二章 所得税法上扣缴之实务问题研析

不同,兹分述如下:

1. 扣缴义务人为"公司、合作社、合伙组织或独资组织负责人"

当公司分配予非"中华民国"境内居住之个人及在"中华民国"境内无固定营业场所之营利事业之股利净额,合作社、合伙组织或独资组织分配予非"中华民国"境内居住之社员、合伙人或独资资本主之盈余净额,公司、合作社、合伙组织或独资组织负责人为扣缴义务人。

2. 扣缴义务人为"机关、团体之责应扣缴单位主管、事业负责人及执行业务者"

于给付薪资、利息、租金、佣金、权利金、执行业务报酬、竞技、竞赛或机会中奖奖金或给予,及给付在"中华民国"境内无固定营业场所或营业代理人之"国外"营利事业之所得时,扣缴义务人则为机关、团体之责应扣缴单位主管、事业负责人及执行业务者[①]。

所谓"责应扣缴单位主管",依"财政部"1999年台财税第8819424323号函之见解,由各机关首长或团体负责人指定之。机关团体已在各类所得扣缴税额缴款书、各类所得资料申报书或各类所得扣缴暨免扣缴凭单之"扣缴义务人"栏载明扣缴义务人,视为该机关首长或团体负责人指定之扣缴义务人;未经指定者,以机关首长或团体负责人为扣缴义务人。

3. 扣缴义务人为"营业代理人或给付人"

总机构在"中华民国"境外之营利事业,经"财政部"核准或核定适用《所得税法》第25条,计算"中华民国"境内之营利事业所得额者,以其营业代理人或给付人为扣缴义务人。又,"国外"影片事业所得税款亦以营业代理人或给付人为扣缴义务人。

4. 扣缴义务人为"信托行为之受托人"

当受益人为非"中华民国"境内居住之个人或在"中华民国"境内无固定营业场所之营利事业者,应以受托人为扣缴义务人,就其依《所得税法》第3条之4第1项、第2项规定计算之该受益人之各类所得额,依第88条规定办理扣缴。此外,《所得税法》第3条之4第5项、第6项规定之公益信托或信托基金,实际分配信托利益时,亦以受托人为扣缴义务人。

---

① 依1999年2月9日公布修正前《所得税法》第89条第1项第2款规定,扣缴义务人为"机关团体之主办会计人员、事业负责人及执行业务者"。

第二项　扣缴义务人的法律地位

扣缴义务系税法所明定之义务，属公法上之义务。然扣缴义务人系立基于何种地位向纳税义务人扣取税款？系基于公权力主体地位，或系处于私人相当之法律地位依法所为之行为？又，扣缴义务人与税捐债权人间（即国家）之关系为何？就扣缴义务人之法律地位，学者黄茂荣先生主张在税捐之扣缴上，扣缴义务人为"代理征收"[1]，扣缴义务人与税捐债权人间之法律关系，为公法上之法定委任[2]。学者陈敏先生认为扣缴义务人为行政委托人，其理由为扣缴义务人皆依个人名义，执行原属稽征机关征收所得税之行政权限；且须自行认定事实、适用法律，扣取税款，并使税捐债权人对于纳税义务人请求权归于消灭[3]。学者葛克昌先生则认为扣缴义务人原则上对于扣缴内容及程度并无决定裁量权，非行政委托，仅为行政助手[4]。

按行政委托系指行政主体将其权限或任务委由私人行使，受托人得独立以自己名义作成决定[5]，无须受委托人监督以执行职务[6]。《行政程序法》第16条第1项与第2项规定："行政机关得依法规将其权限之一部分，委托民间团体或个人办理。前项情形，应将委托事项及法规依据公告之，并刊登政府公报或新闻纸。"从而，依据《行政程序法》规定，行政委托之类型不包含，法律规定直接将公权力行使委托给私人之情形，而系法规将其权限之一部分，透过公告等行政行为方式委托之[7]。惟就扣缴义务人而言，扣缴义务人执行扣缴义务乃基于法律直接授权规定，非"财政部"以公告方式委托扣

---

[1]　黄茂荣：《税法总论》（第1册），台湾植根法学丛书编辑室2002年版，第297页；熊文钊主编：《税务行政法》，中国人事出版社2000年版，第63—64页。

[2]　黄茂荣：同上注，第309页。黄茂荣亦认为："扣缴义务人与纳税义务人间之关系，在扣缴权限范围内，属于税捐债权人之'征收辅助人'，就扣缴义务人之行为，税捐债权人应与自己之行为负同一责任。"同注，第310页。

[3]　陈敏：《扣缴薪资所得税之法律关系》，载《政大法学评论》第51期，第53页。

[4]　葛克昌：《综合所得税与宪法》，载《所得税与宪法》，台湾翰芦图书出版有限公司2003年版，第82页。同此见解，Vgl.〔德〕Franzen/Gast/Joecks, a.a.O., S.587.

[5]　陈敏：《行政法总论》，台湾三民书局2003年版，第945—950；许宗力：《论行政任务的民营化》，载《当代公法新论（中）翁岳生教授七秩诞辰祝寿论文集》，台湾元照出版有限公司2002年版，第589页；林明锵：《行政委托与行政处分（健保行政与行政处分）》，载台湾《本土法学杂志》第3期，1999年8月，第172页。

[6]　林明锵：同上注，第172页。

[7]　蔡茂寅认为行政委托与法律委托不同。后者指依法律规定直接将公权力行使委托给私人。与前者不同之处在于后者系法律直接授权。蔡茂寅：《行政委托与法律保留原则》，台湾《月旦法学》第83卷，2002年4月，第20—21页。

缴义务人。又,"财政部"对于《所得税法》何种所得应予扣缴以函释之方式详尽解释,倘扣缴义务人违反时即课予补缴责任与处罚,且扣缴义务人几乎依"财政部"之函释为扣缴;如有疑义,亦多依"财政部"函释见解决定是否扣缴,扣缴义务人实无能力且不可能自行判断系争所得是否扣缴。准此,认定扣缴义务人为行政委托人,实有不当之处。又,行政助手系指非以自己名义独立行使公权力,而系依行政机关指示,以协助完成一定之公共任务为其特征[①]。然扣缴义务人系以自己名义作成扣缴凭单或免扣缴凭单,亦与行政助手之性质不符,比附援引为行政助手,亦有未洽。

另所谓"服义务之私人"(die Inpflichtnahme Privater)[②],其意为原属国家行政任务,法律亦规定人民之行为或给付义务,成为私人之公民义务,惟私人仅有义务,而无公权力。因扣缴义务人系行使公权力而为扣缴,故亦非为"服义务之私人"。本书以为,扣缴义务人仅因法律课予扣缴义务,得以自己名义独立行使公权力,而系依税捐稽征机关指示,协助税捐稽机关完成税捐征收,强说其为行政委托人或行政助手皆有不当之虞,毋宁具有两者之部分特征,应属行政组织上新的类型。

第三项 扣缴义务人为营利事业负责人?
——兼评台北高等行政法院 2002 年诉字第 23 号判决

目前台湾地区税捐稽征机关与行政法院见解皆以公司负责人为扣缴义务人。然依《所得税法》第 88 条第 1 项第 1 款与第 2 款之规定扣缴义务人为"公司负责人"、"合作社负责人"、"合伙组织负责人"或"独资组织负责人",抑或"公司"、"合作社"、"合伙组织"或"独资组织负责人"?本节以台北高等行政法院 2002 年诉字第 23 号判决为例[③],说明《所得税法》第 88 条第 1 项第 1 款与第 2 款之扣缴义务人究竟应由"营利事业本身"或"营利事业负责人"任之?

第一款 案例事实

缘原告为三星昌实业股份有限公司(以下简称三星昌公司)董事长即负责人,该公司于 1996 年 3 月 18 日(减资基准日)给付股东减资所得计新台

[①] 吴庚:《行政法之理论与实用》,台湾三民书局 2003 年版,第 192 页;叶百修:《国家赔偿法》,载翁岳生主编:《行政法 2000(下册)》,2000 年版,第 1348 页。

[②] 陈敏:《行政法总论》,台湾三民书局 2003 年版,第 948 页。

[③] 台北高等行政法院 2001 年诉字第 5027 号判决中,原告亦主张扣缴义务人应为公司,非公司负责人。

币(下同)947675600元(下称系争股东所得),原告未依《所得税法》第88条规定扣缴税款171783177元,被告所属万华稽征所乃限期责令补缴应扣未扣之税款及补报扣缴凭单,被告复以2000年9月11日按应扣未扣之税额处1倍之罚锾171783177元。原告不服,申经复查结果,遭被告复查决定驳回,原告仍不服,提起诉愿,嗣经"财政部"诉愿决定驳回,遂提起本件行政诉讼。

第二款 原告主张——营利事业本身为扣缴义务人

原告主张扣缴义务人应为营利事业,非营利事业负责人,其理由如下:

一、原告虽为公司负责人,惟不负扣缴义务,扣缴义务人为公司,课税处分之主体错误:

(一)扣缴制度之立法变革:扣缴制度,曾于1963年进行大幅度之修正,依据当时之旧《所得税法》第86条之规定,确实以公司之负责人为扣缴义务人。惟于修正后,即如现行《所得税法》第89条第1项第1款之规定,扣缴义务人为公司。就《所得税法》第89条之修正,参"立法院"会之议决讨论之过程,并无任何议决内容暨讨论过程,仅以照案通过为纪录。因此,既难依据历史解释作为诠释法律之方法,尚需另依文义解释,体系解释暨目的论之解释方法,作为诠释法律之依据。另应注意者为,如扣缴义务人均为公司负责人,旧所得税法之规定,即属明确,既然修正前后有其相当之差异,二者之解释即应有所不同始为正鹄。反观被告之答辩仅以修法前之旧《所得税法》之规定作为解释依据,却未注意修法前后之重大差异,在历史资料无可考究外,被告之答辩尚不具说理性。

(二)认定扣缴义务人之解释方法:

1. 文义解释:文义解释之方法论,系依据法律文字之文义以定其法律概念之射程范围。就现行《所得税法》第89条第1项第1款前段规定"公司分配予股东之股利……其扣缴义务人为公司",故扣缴义务人为公司,尚无疑义。如依据被告之文义解释方式,认定扣缴义务人为公司负责人,实难从其文义表现足以窥知扣缴义务人为公司负责人,盖如以文字表现方法,应于文句中加注"之"字而以"公司、合作社、合伙组织或独资组织之负责人",或可得为被告之解释方法。然法文既系以"扣缴义务人为公司、合作社、合伙组织或独资组织负责人",显系描述三种不同之个别主体,而以公司为扣缴义务人,以文义之表现方式尚非指三种不同主体之负责人。

2. 体系解释:如以所得税法之体系观之,于同法第89条第1项第2款即以事业负责人为扣缴义务人,依据租税法定主义即属明确之特别规定。

至于同法第114条之处罚违反扣缴义务之对象亦仅规定扣缴义务人,并未明确指明处罚之对象系以公司之负责人。参以《所得税法施行细则》第70条规定"公司利用未分配盈余增资时,对于'中华民国'境内居住之个人股东所增发之股份金额应由分配股东计入增资年度综合所得总额申报纳税。但受配股东为非'中华民国'境内居住之个人及在'中华民国'境内无固定营业场所之营利事业,应由公司于配发时,依本法第73条之2及第88条规定办理"。其文义明订公司配发股利应责由公司为扣缴义务人。

3. 目的论解释:依据就源扣缴之制度本质,给付所得之人即为应负扣缴义务之人。发放股利之主体既为公司,在未有法律明文特别规定下,扣缴义务之"源头"即属"公司",而应由公司担任扣缴义务人,处罚之对象亦应以公司为主体。此种解释方式非但符合文义表现之意涵,且符合体系解释,更与就源扣缴制度之本质相吻合。另"最高行政法院"(2000年7月1日改制前为行政法院)1973年判字第587号,亦明示公司为扣缴义务人,谨供审酌。

4. 被告径以原告个人为扣缴义务人责令原告补缴钜额扣缴税款并加处一倍罚锾,无异强令股份有限公司之股东承担无限责任,明显违反公司法第五章"股份有限公司"第154条"股东对于公司之责任,以缴清其股份之金额为限。"之规定。再者,从制度上之目的观之,国家为确保所得税之征收,委托扣缴义务人代为扣缴税款,当有其制度上之必要性,同时亦有确保税基之稳定与避免税基流失之制度目的。然此并非意味着扣缴义务人得以被任意解释或扩张。股份有限公司之董事长,依《公司法》第208条第3项规定:"董事长对内为股东会、董事会及常务董事会主席,对外代表公司。"如此而已,再依"最高法院"1996年台抗第207号判决明释:"股份有限公司之董事会乃公司内部之机关,非权利义务主体,无当事人能力。"因之,就扣缴税款一事,股份有限公司之董事长并无何业务上之牵连。

5. 依行为时《所得税法》第89条第1项第1款前段规定与《所得税法施行细则》第70条规定,乃国家赋予扣缴义务人租税协力之具体表征,因此种租税法上之协力义务,影响人民之权利义务甚钜,除须依法明定始得课与人民此揭义务外,并且依租税法定主义原则,亦当严格解释租税之主体、客体、税率等租税事项,始符法治国所揭橥之法律优位、法律保留原则。依前揭法文所论,租税主体之扣缴义务人为公司法人,要无疑义。被告以原告个人为扣缴义务人,除与法律明文有违之外,实难窥其制度上之合理性与必然性,被告此一处分显让原告担负非法律规定之钜额责任,严重影响原告之权益。职是,依法而论,原告并非法定之扣缴义务人,被告更不应课予违反扣缴义务之罚锾。

二、退步而言，原告行为时依法办理无过失，应无科处罚锾之适用：

（一）按"司法院"释字第 275 号解释文所明示，故人民倘无故意或过失者，纵使产生违反租税法规定之结果，行政机关亦不得对其课处租税行政罚。

（二）三星昌公司于 1996 年间依法办理减资前，因《所得税法》及其《施行细则》并无减资时应扣缴之规定，为求慎重起见，即派员向被告洽询本件有关所得税释示之适用，经确认减资收回股份非属盈余分配后方依法办理减资，并依法代征各股东之证券交易税，显见原告并无怠于履行客观上之注意义务，应无过失，故不应课以罚锾处分。

（三）依据现行《所得税法》第 89 条第 1 项第 1 款之法文仅限于给付股利时始具有扣缴义务，因此三星昌公司办理减资是否属于股利之法律概念而应办理扣缴税款，即有争议。

（四）三星昌公司于"经济部"核准减资变更登记时，即依《所得税法》第 19 条规定向被告申报，并于返还股本时，依被告服务中心确认行为时适用之释示函令规定代征、缴纳、申报各股东之证券交易税，倘减资而退回之股款系属应扣缴之所得，则被告于受理前开申报文件及证券交易税时，即应纠正并责令三星昌公司加以补正，然被告舍此不为，且予以受理在案，却于事隔多年后突函令原告个人补缴钜额款并加处 1 倍罚锾，实难令人诚服。

（五）"最高行政法院" 1995 年判字第 2514 号判决亦指出，稽征机关在发现申报内容有误未先尽其告知补正之责任，不宜予课处罚锾。钧院于 2000 年诉字第 726 号判决书亦指出："本件被告认定原告有漏报所得之违章时，并未对外明示上开'财政部'1980 年台财税字第 33694 号函释已失效……而人民有权依主管机关对外表示之法律见解来规划其法律生活，即使后来发现原来的法律见解有错误，但人民亦不能因此而受到惩罚或其他的不利益。"并据此判认该案原告并无过失可言，撤销罚锾部分之处分。基于本件与该案性质相同，被告亦无由课予原告租税行政罚锾。

三、原告信赖值得保护

依据《行政程序法》第 8 条暨"司法院"释字第 275 号解释，原告之信赖应受保护且原告因未具有可归责事由应予免罚为是：

（一）信赖之基础：被告称减资所得系属股利，而认原告应负有扣缴之义务。然于"财政部"1980 年台财税字第 33694 号函即已明示"公司办理减资以现金收回资本公积转增资配发之增资股票。经核非属盈余分配，而属该项股票转让之性质"为原告及三星昌公司之信赖基础。

(二) 信赖之表现：就上开函示，三星昌公司于行为时并未敢径行确认，除依所得税法之规定多次向被告申报及征询外，并依据前揭函示之释示于1996年5月24日依法申报缴纳各股东之证券交易税，并获被告无异议受理在案，均有证可稽。依此，三星昌公司即得确信减资行为系属股票转让之性质而确属证券交易，此即为信赖之表现。

(三) 信赖值得保护：就前揭所述之情形，尚无《行政程序法》第119条所指之信赖不值得保护之情事，则基于信赖之基础与信赖之表现，依法应推定原告之信赖值得保护。

第三款 实务见解——营利事业负责人为扣缴义务人

第一目 被告机关见解

(一) 按公司据以办理增资之资本公积若来自"处分资产之溢价收入"，则应属独立于原有资本之外所新产生的而不是旧有财富之延续，又这些财富系公司创造后分配予股东，符合股东原始投资之营利动机，应属营利所得，合先陈明。本件三星昌公司借"应实际需要"为由，将其1994年度出售土地增益转列资本公积，旋于1994年10月间，依照股东持股比例，办理公司利用原有资本之外之处分资产溢价收入所累积之资本公积转增资配发股票，于1996年3月间以"为适度处理闲置资金"为由减资，亦依照股东持股比例以等同之现金收回股票。三星昌公司显系假借资本公积转增资及减资形式规划动作，以现金收回资本公积转增资配发股票之行为，从外观上看来为两个法律行为，惟实属为免于股东受取所派公司财产（营利所得）而应税同一事实，故该减资行为，系行分配售地增益之实，是故股东自公司获致之收入，符合股东原始之投资营利动机，即属前述说明之营利所得，亦即《所得税法》第88条规定之应扣缴所得，而原告为行为时三星昌公司负责人，即为同法第89条规定所称之扣缴义务人。

(二) 按信赖行为值得保护，乃基于法益的衡量及行为人行为时注意状态和意思态度，他的信赖是纯真的、善良的，因此如行为人有用诈欺、胁迫、贿赂，提供不实信息或不完全陈述，或恶意规避、回避之行为者，不值得保护。查原告为三星昌公司负责人，亦为该公司大股东（其股东七人均为同一家族），直接参与该公司增减资之会议议决事项，并非单纯的信赖第三者，而"财政部"1980年台财税字第33694号及1992年台财税第810140011号函释，系就公司在正常运作下单纯减资、单纯以资本公积转增资配发股票时所为，并非教示得以迂回方式违背法律之规定，其与本件之情形并不相同，亦无其主张信赖该函释欠缺故意过失可言。本件原告未依前揭法条规定于给付时(减资时)扣缴税款,既难谓无过失,参诸"司法院"释字第275号解释,仍应予以处罚,是被告依前揭法条规定,按应扣未扣税额处1倍罚锾为171783177元,尚无违误。

第二目　行政法院见解

一、原告所属公司以增减资方法将土地部分溢价收入直接分配予各股东属股利所得应予扣缴:

(一)股份乃资本之成分,表彰股东权即股东对公司之法律地位,而股票则是表彰股东权之要式的有价证券,股票之转让即系股东将表彰其对公司之法律地位之转让,股份转让后,依据资本维持原则与资本不变原则,股份并非消灭,仅转由第三人享有。至于公司减少资本之目的及作用在销除其股份,股份既经销除,该股份所表彰之股东权即消灭,故股份有限公司办理减资销除股票,无论是否有支付对价,其目的与作用均在消灭该股票所表彰之股份与该股份所表彰之股东权,与股票转让(或股份转让)性质迥异,其转让之效果亦自有不同。

(二)按股份有限公司处分固定资产之溢价收入,因非属营业活动所得盈余而生之财源,而系来自资本交易,故修正前《公司法》第238条第3款之规定,应列入资本公积。又因资本公积提列之目的在于充实公司之资本,巩固公司之财产基础,增加公司之信用,以保护公司之债权人,故虽非公司之资本,但其功能与公司资本实相类似,修正前《公司法》第241条第1项乃规定:"公司发行新股时,得依前条之股东会决议,将公积之全部或一部拨充资本,按股东原有股份之比例发给新股。"是可知公司如利用资本公积转增资,仅为公司净值会计科目之调整,股东保留于公司之资产净值,并未变更,实质上并无所得可言,故股东取得公司利用资本公积转增资配发之记名股票,股东于取得时,应无营利所得之可言,"财政部"1992年台财税第810140011号函释认免予计入当年度所得课征所得税,应值赞同。惟按公司如以办理减资之方式,以现金收回上开公积拨充资本而发给之股票,即系将账面上资本公积转增资所增加之股份变现,发现金给股东,实质上与营利事业将出售土地之盈余(溢价收入)分配予股东,并无不同,此时股东实质上已有营利所得,依实质课税原则,即应计入当年度所得课征所得税。原告所引"财政部"1980年台财税第33694号函释意旨谓"公司办理减资以现金收回资本公积转增资配发之增资股票,非属盈余分配,而属股票转让行为"云云,误解公司办理减资销除股票之性质为股票转让行为,自不得适用,原告主张本件上开函释,尚不可采。

(三) 股份有限公司办理减资以现金收回公积拨充资本而发给之股票，公司减少资本之目的及作用在销除其股份，股份既经销除，该股份所表彰之股东权即消灭，故股份有限公司办理减资销除股票，无论是否有支付对价，其目的与作用均在消灭该股票所表彰之股份与该股份所表彰之股东权，与股票转让（或股份转让）性质迥异，既非股票转让行为，已如前述，是股东因公司减资而取得之所得，自不得归属为证券交易所得，而主张依《所得税法》第4条之一规定，免征所得税，"财政部"1992年台财税第810140011号函释意旨系谓"股份有限公司处分固定资产（土地）之溢价收入，应列入资本公积，股东取得公司利用资本公积转增资配发之记名股票，于取得时，免予计入当年度所得课征所得税。但股东嗣后将此类股票转让时，应按全部转让价格作为转让年度之证券交易所得，依《所得税法》第4条之一规定，自1980年1月1日起，停止课征所得税"，与上开说明不符，自无适用之余地。

(四) 三星昌公司于1994年5月间出售土地增益1688255878元，并转列资本公积，旋于同年10月间以资本公积990000000元转增资，复以1996年3月18日为减资基准日，减资950000000元，发给系争股东所得947675600元，已如前述，此举与将上开出售土地部分溢价收入直接分配予各股东效果实无二致，揆诸前开说明，自非原告所主张之股票转让性质。其以迂回方式即利用连续增、减资之手法，将出售土地增益分配予股东而规避股东原应负担之税负，其结果让股东变相分配出售土地之利得，与盈余分配性质无异。核此种连续增减资行为，系滥用私法行为自由，透过私法行为之安排，形式上是依公司法之增减资行为，实质上达到规避股东受分配出售土地增益应负担之税负，此乃租税规避行为，为符实质课税原则，自应将该规避事实与其所欲规避之行为同视，而使其发生相同之法律效果，即应认系争所得该当行为时《所得税法》第14条第1项第1类所称之公司股东所获分配之股利，亦该当同法第88条第1款所称之公司分配之股利。

二、原告系扣缴义务人

(一) 按"前条各类所得税款，其扣缴义务人……如左：一、公司分配予股东之股利、合作社分配予社员之盈余、合伙组织分配予非'中华民国'境内居住之合伙人之盈余，及独资组织给付予非'中华民国'境内居住之独资资本主之营利所得，其扣缴义务人为公司、合作社、合伙组织或独资组织负责人"《所得税法》第89条第1项第1款前段定有明文。是可知公司分配予股东股利之所得税款，其扣缴义务人系公司之负责人。

(二) 1963年修正前《所得税法》相关规定在第86条第1项第1款："前

条各类所得税款,其扣缴义务人,及纳税义务人如左规定。一、公司分配与股东之盈余所得税款扣缴义务人为公司负责人;合伙人盈利税款扣缴义务人为执行业务之合伙人。纳税义务人为股东或合伙人。"系以公司之负责人为扣缴义务人,此为原告所不争。该次修正将相关规定调整至第 89 条第 1 项第 1 款,诚如原告所言"参'立法院'会之议决讨论之过程,并无任何议决内容暨讨论过程,仅以照案通过为纪录",该次修正系为加入关于合作社及独资组织之规范,而为之文字上调整而已,苟依原告主张系将扣缴义务人自负责人变更为公司本身,属重大之变革,岂有不引起论争?至此一制度之良窳,虽非无讨论之空间,惟尚不得以此为由作出明白违反立法者意思之解释。

二、原告主观上有违反扣缴义务之故意

查前揭《所得税法》第 14 条第 1 项第 1 类规定及"财政部"相关函释早于 1997 年原告取得减资股款之前即已揭示,人民本有加以认识及遵守之义务,且三星昌公司先办理增资,再减资以现金收回资本公积转增资配发股票之行为,系以迂回取巧方式帮助股东规避原应负担之所得税负,此为身为公司负责人之原告所明知(即知道此种方式可以不用缴税)。又原告于公司分配系争所得时,明知应予扣缴竟未扣缴,自难谓无行为之故意[①]。又"财政部"1980 年台财税第 33694 号及 1992 年台财税第 810140011 号函释,系就公司在正常运作下单纯减资、单纯以资本公积转增资配发股票时所为解释,其与本件之情形并不相同,并非教示人民得以迂回取巧方式规避原应负担之所得税负,原告亦难以主张信赖该函释及税捐机关受理证券交易税之申报为行为而免责。

第四款 问题之分析

《所得税法》第 89 条第 1 项第 1 款与第 2 款规定:"前条各类所得税款,其扣缴义务人及纳税义务人如左:一、公司分配予非'中华民国'境内居住之个人及在'中华民国'境内无固定营业场所之营利事业之股利净额;合作社、合伙组织或独资组织分配予非'中华民国'境内居住之社员、合伙人或独资资本主之盈余净额,其扣缴义务人为公司、合作社、合伙组织或独资组织负责人……二、薪资、利息、租金、佣金、权利金、执行业务报酬、竞技、竞赛或机会中奖奖金或给予,及给付在'中华民国'境内无固定营业场所或营业代

[①] 台北高等行政法院 2002 年诉字第 870 号判决亦持相似见解认定扣缴义务人有违反扣缴义务之故意。

理人之国外营利事业之所得,其扣缴义务人为机关、团体之责应扣缴单位主管、事业负责人及执行业务者……"

综观原告与法院见解(含"财政部"见解)之最大不同在于营利所得之扣缴义务人究为"公司"本身,抑或"公司负责人"?吾人自法条文义解释出发,阐释同条第1款可得出两种文义解释结果:一为,扣缴义务人为"公司"、"合作社"、"合伙组织"或"独资组织负责人";二为,扣缴义务人为"公司负责人"、"合作社负责人"、"合伙组织负责人"或"独资组织负责人"。前者,显然为原告所采取之法律见解;后者,通说与实务皆采此见解。

不论以"营利事业"或"营利事业负责人"为扣缴义务人,此法律见解皆于同条第1款可能文义之范畴内,皆有所据。自历史解释出发,求诸立法过程与文献,似亦无法得知立法者有意将营利所得之扣缴义务人由"公司"修正为"公司负责人"[1]。

---

[1] 1948年4月1日公布《所得税法》第101条第2项规定:"前项所称扣缴义务人,系指各公教军警机关及公营事业、政府与人民合办事业、主办会计或各营利事业之负责人及其他雇主而言。"
同年5月14日修正公布同条项为:"前项称扣缴义务人,系指各公教军警机关及公营事业政府与人民合办事业主办会计或各营利事业之负责人及其他雇主而言。"
1955年12月23日公布《所得税法》第86条:"前条各项所得税扣缴义务人及纳税义务人如左列规定:
一、公司分配与股东之盈余所得税款扣缴义务人为公司负责人,合伙人盈利税款扣缴义务人为执行业务之合伙人,纳税义务人为股东或合伙人;二、薪资所得税款扣缴义务人为公、教、军、警机关团体及公营事业之主办会计人员、营利事业组织之实际负责人及其他雇主,纳税义务人为前举机关及组织之员工及其他受雇人;三、利息所得税款扣缴义务人为直接经手付出利息之银钱业或其他负责人,纳税义务人为取得利息人,但银钱业贷放款之利息所得应由纳税义务人自行申报,不用扣缴办法;四、租赁所得税款扣缴义务人为承租人,纳税义务人为出租人,但农地及房地产业之租赁所得应由纳税义务人自行申报不用扣缴办法;五、行商贸易所得税款扣缴义务人如系委托住商销售者为住商负责人,如自行销售与营利事业者为承购之营利事业纳税义务人为从事行商贸易之人。"
1963年1月29日修正公布《所得税法》第89条:"前条各类所得税款,其扣缴义务人及纳税义务人如左:
一、公司分配予股东之股利、合作社分配予社员之盈余、合伙组织分配予非'中华民国'境内居住之合伙人之盈余,及独资组织给付予非'中华民国'境内居住之独资资本主之营利所得,其扣缴义务人为公司、合作社、合伙组织或独资组织负责人;纳税义务人为股东、社员或非'中华民国'境内居住之合伙人或独资资本主。二、薪资、所得税款义务人为公、教、军、警机关或团体之主办会计人员、营利事业负责人暨执行业务者;纳税义务人为各该机构及组织之员工及其他受雇人。三、利息所得税款之扣缴义务人为给付之金融事业、一般营利事业、政府机关及其他机关团体之负责人;纳税义务人为取得利息人。四、租赁所得税款之扣缴义务人为承租之营利事业或机关团体之负责人;纳税义务人为出租人。五、权利金所得税之扣缴义务人为支付权利金之营利事业或个人;纳税义务人为取得权利金者。六、国际运输事业之营利事业所得税款扣缴义务人为营业代理人或给付人;纳税义务人为国外之国际运输事业。七、国外影片事业之营利事业所得税款扣缴义务人,为营业代理人或给付人;纳税义务人为国外影片事业。"

然而就本条第 2 款规定，以明白揭示"营利事业负责人"为扣缴义务人，于可能文义范畴内，实无任何解释空间，得将其解释扣缴义务人应由营利事业本身担任扣缴义务人。而实务上皆以营利事业登记所载之负责人为准[①]。

扣缴义务人究竟应为"营利事业负责人"抑或是"营利事业本身"？实务上认定以"营利事业负责人"为扣缴义务人，有何不当之处？立法者制定法律，课予扣缴义务人扣缴义务，有无界限，抑或立法机关之形成自由？此一问题之解答，应求诸于法律之上位规范——宪法出发，探讨其宪法上界限，方得解决系争扣缴义务人究属为何之争议。

第四项　认定营利事业负责人为扣缴义务人不当之处

实务上将《所得税法》第 89 条第 1 项第 1 款解释扣缴义务人为事业负责人。同条项第 2 款，将扣缴义务人明文规定由事业负责人为扣缴义务人，已如前述。惟事业负责人为扣缴义务人，扣缴义务人是否有能力完成扣缴义务，是否具期待可能性，兹以各常见营利事业机构、团体、组织形态为例，说明其不当之处：

第一款　股份有限公司

依《公司法》第 202 条规定，公司业务之执行除本法或章程规定应由股东会决议之事项外，均应由董事会决议行之。而董事会系由全体董事所组成为股份有限公司必备、常设之集体执行业务机关。其权限之行使以会议方式行之，惟因其意思决定机关，非属代表机关，其决议须透过代表机关之董事长行之[②]。故公司内部业务决定与执行，应为董事会，非董事长。依《公司法》第 208 条规定："董事长对内为股东会、董事会及常务董事会主席，对外代表公司。"董事长于公司内部仅为董事会之主席，虽董事会决议须透过代表机关之董事长行之，然非谓董事长为公司内部业务决定机关，准此，扣缴事务之执行机关为"董事会"，非董事长。职是，所得税法规定以事业负责人(关于股份有限公司通常以董事长视为负责人)，于股份有限公司情形，实有与公司组织与功能本质不符之处。兹复另举一例以明之。董事长与公司间之法律关系为委任关系，倘委任关系有终止或解除情事，董事长即当然解

---

① 王建煊：《租税法》，台湾文笙书局 2001 年版，第 218 页。
② 柯芳枝：《公司法论(下)》，台湾三民书局 2003 年版，第 323 页。王文宇：《公司法论》，台湾元照出版有限公司 2003 年版，第 253 页。

除职务①，易言之，即不具备董事长资格，即不得执行其法定、章定或董事会决议之职务。又，倘于委任关系消灭后，公司原有依法不为扣缴之情事，该董事长即无权指挥公司补行扣缴程序②，然而依法竟应以"自己财产提供担保"，负补缴与处罚之责任③，且为无限清偿责任④。

第二款 有限公司

依《公司法》第108条规定，有限公司仅设置董事一人时，由董事自为公司业务之执行。倘设有董事数人时，准用无限公司相关规定，即关于业务之执行，应取决董事过半数之同意，关于通常事务，董事各得单独执行，但其余董事有一人提出异议时，应即停止执行。

实务上，于有限公司情形，章程设有董事长时，以董事长认定为负责人，亦即扣缴义务人。设若该董事长为该有限公司惟一董事，该董事有权决定扣缴事务之执行，然倘其与公司委任关系消灭前，公司原有未依法扣缴税款之情事时，该董事亦无权指挥公司补行扣缴程序，惟依法仍应负担补缴与处罚之责任。

倘该董事长非该有限公司惟一董事，关于扣缴事务之执行，应取决董事过半数之同意。倘董事无法取得过半数同意，未为扣缴，则董事长仍应负担补缴与处罚之责任，岂不谬哉！纵认扣缴事务属"通常事务"，董事长虽得单独执行，但其余董事有一人提出异议，故意认定某应扣缴所得无须扣缴，董事长依法应停止执行对该项所得扣缴，无权强行执行扣缴程序，惟依法仍应负担补缴与处罚之责任，且须以"自己财产提供担保"负无限清偿责任。

第三款 合作社

依《合作社法》第32条规定："合作社设理事至少3人，监事至少3人，由社员大会就社员中选任之。"同法第34条规定："理事依本法及合作社章程之规定，与社员大会之决议，执行任务，并互推一人或数人对外代表合作社。"足见理事会为意思决定机关，仅由理事主席代表该合作社，倘认定理事主席为扣缴义务人，于任职期间以及与合作社委任关系消灭后，其不当之

---

① "最高法院"1983年台上字第240号判决；柯芳枝：《公司法论（下）》，台湾三民书局2003年版，第343页。

② "财政部"1985年台财税第24073号函说明二："扣缴义务人于给付各类所得时，未依法扣缴税款，在未经检举及未经稽征机关进行调查前，自动补扣并缴纳税款者，尚不发生滞纳问题，亦免依《所得税法》第114条规定处罚，惟应适用《税捐稽征法》第48条之一规定，加计利息一并征收。"

③ 关于补缴责任之说明，见本书第三章之说明。

④ 兹以一极端例子说明之，股份有限公司于某日给付应扣缴所得，竟未为扣缴，而该负责人于次日辞职，该负责人即无权以负责人身份，于次月10日缴纳应扣缴款前，要求纳税义务人或公司本身应出资缴纳应扣未扣税款。

处,如同前述。(见关于股份有限公司之说明)

第四款 合伙组织

《民法》第677条明定:"合伙之事务,除契约另有订定或另有决议外,由合伙人全体共同执行之。合伙之事务,如约定或决议由合伙人中数人执行者,由该数人共同执行之。合伙之通常事务,得由有执行权之各合伙人单独执行之。但其他有执行权之合伙人中任何一人,对于该合伙人之行为有异议时,应停止该事务之执行。"然而,实务上皆以合伙组织名义上代表人或管理人为负责人,即为扣缴义务人,代表人于合伙关系存续中以及合伙关系消灭后,其不当之处,亦同前述。(见关于有限公司之说明)

综上所述,兹以股份有限公司、有限公司、合作社、合伙组织为例,说明其不当之处,虽稍有不同。然而,其问题根源皆有相同之处,即扣缴义务人对于扣缴事务"有责,然不一定有权"。换言之,扣缴义务人有以"自己财产作担保"负补缴与处罚之责任,然非必定有权决定扣缴事务之执行。纵认扣缴义务人有权决定扣缴事务之执行,倘其不再担任事业负责人一职,就其担任事业负责人期间,有依法扣缴之情事,亦无权透过该事业而为补行扣缴程序,免于补缴与处罚责任,仅得以"自己财产作担保",等待并接受处罚,并负无限清偿责任,而无有限责任或合伙人一同就合伙财产不足清偿部分负连带清偿责任。(《民法》第681条参照)

第五项 本书见解——应以营利事业为扣缴义务人

第一款 德国法之比较法分析

德国《所得税法》(Einkommensteuergesetz,简称EStG)上之扣缴,对于所得税而言,具有预付所得税之性质,系所得税征收之型式之一,主要得区分为三大类型:一为薪资税(Lohnsteuer)扣缴;二为资本收益(Kapitalertragsteuer)扣缴;三为对限制纳税义务人之扣缴(Steuerabzug bei beschränkt Steuerpflichtigen),三者各规定于第38条以下、第43条以下以及第50条之1,兹分述如下:

第一目 薪资税扣缴

德国《所得税法》第38条第1项至第3项规定:"(1)对于非自力工作之所得,其所得税以就源扣缴方式自工作薪资中征收之(薪资税)。但以工作薪资由下述情形之一之雇主支付者为限:1.依《税捐通则》第8条至第13条规定在国内有住所、居所、主事务所、法人住所、事业所、或常设代理人之雇主;2.虽非境内雇主(国外派遣人),然在国内将其职务上对于受雇人之薪资给付让予第三人(要派人)负担①。于职务关系范围内,通常由第三人支付薪资者,亦课征薪资税。(2) 受雇人为薪资税之债务人。薪资税于工作薪资流入受雇人时成立之。(3) 雇主须为受雇人计算薪资税额,于每次支付工作薪资中扣留之。就公法人而言,由公库支付工作薪资并应负与雇主相同之义务。"雇主将薪资税扣留后,雇主应于各薪资税申报期间开始后10日内于每次薪资税申报期间内申报并缴纳薪资税(第41条之1第1项)。

德国法上薪资税,即依据收入形式作为受雇人(Arbeitnehmer)预先缴纳之税捐(Vorauszahlungssteuer)②。然而,薪资税并非一独立的税捐科目③,亦非与"所得税"(Einkommensteuer)各自独立存在,而是所得税的征收形式(Erhebungsform)④。

而所谓薪资税扣缴,即将非自力工作者收入(Einkünft aus Nichtselbständiger Arbeit)透过就源扣缴(Quellenabzug)⑤方式征收(Erhebung)。换言之,依《所得税法》第38条与第41条之1规定,雇主于给付受雇人薪资时,每次为受雇人计算,自工作薪资中,扣留薪资税捐额,其后,再向稽征机关申报并缴纳薪资税。其后,受雇人得于年度结束后,经结算申报后所得出之应纳所得税税额中,抵缴其已清偿之薪资税额⑥(相当于台湾地区《所得税法》第71条第1项)。值得注意者为薪资税的债务人为受雇人,而非雇主,是故,雇主所负担者为并非其负担给付"税捐债务"(Steuerschuld)之义务,而系扣留之税款转交予稽征机关的"缴纳债务"(Entrichtungssteuerschuld)⑦。

薪资税发生于工作薪资给付予受雇人之时,易言之,薪资税之发生以非自力工作者收入(Einnahmen)支付予受雇人为必要⑧。至于,是否基于契约关系而给付薪资,是否契约违反公序良俗,依据《税捐通则》第40条规定,在

---

① 所谓派遣人(Verleiher)与要派人(Entleiher),即派遣人与劳工订立劳动契约,于得到受雇人同意,维持劳动契约关系之前提下,使其在要派人指挥监督下为劳务给付,而要派人直接支付薪资予派遣劳工(Leiharbeitnehmer),惟派遣劳工与要派人间,则无劳动契约关系存在。此即为"派遣劳动关系"(Leiharbeitsverhältnis)。
② 〔德〕Schmidt, Einkommensteuergesetz, 16. Aufl., 1997, S.2019.
③ 〔德〕Tipke/Lang, Steuerrecht, 17. Aufl., §9, Rn, 772.
④ 〔德〕Jakob, Einkommensteuer, 2. Aufl., 1996. S.117.
⑤ 或译为"泉源征收"。
⑥ 〔德〕Kirchhof, EStG KompaktKommentar Einkommensteuergesetz, 2. Aufl., 2002, S.1722.
⑦ 陈敏:《扣缴薪资所得税之法律关系》,载《政大法学评论》第51期,1994年6月,第63页。
⑧ 〔德〕Kirchhof, a.a.O., S.1723.

所不问①。薪资税债务之消灭,于通常情形,因雇主自给付之薪资所得中扣留薪资税款而消灭。盖受雇人因忍受扣留税款而已履行其义务②。

至于法律上雇主(Arbeitgeber)一词,于德国《所得税法》中未被清楚定义。通说认为,雇主于通常情况的判断方式为:受雇人对于何人负有给付劳务之义务者,即为雇主。例外情形,则为依据薪资由何人给付予受雇人之方式③,决定何人为扣缴之三角法律关中之雇主,而应负扣留与缴纳义务。雇主可以是自然人或私法人,以及公法人与非法人团体(nicht rechsfähige Personenzusammenschlüsse)于通常情形多为机关公司(Organgesellschaft)。文献讨论上所举之例,亦以有限责任公司为雇主,非有限责任公司负责人④。关于公法人,则依《所得税法》第38条第3项第2句,由支付工作薪资之公库(Öffentliche Kasse)负与雇主相同之义务。

第二目 资本收益税扣缴

德国除对于非自力工作者,应扣缴薪资税外,另设有资本收益税扣缴(Steruerabzug vom Kapitalertrag)之规定。资本收益税,亦属所得税中特殊就源扣缴的征收形式之一,如同薪资税般非一独立的税目⑤。资本收益税扣缴之客体,依德国《所得税法》第43条第1项规定限于国内资本收益(inländischer Kapitalertrag)与部分国外资本收益(ausländischer Kapitalertrag)。资本收益则包括公司配发之股息与红利、因减资退还股款公司剩余财产分配等营利所得。

资本收益之债务人于资本收益支付时,应向资本收益债权人就源征收之(第44条第1项)。其资本收益税自资本收益中以扣缴方式征收之。资本收益税债务人为第43条第1项第1段第1款至第7款第b目止与第8款以及第2段所定资本收益之债权人。资本收益税于资本收益支付予债权人时成立(第44条第1项)。若资本收益应支付予国外之债权人或机关,则于支付或记入贷方时发生之。资本收益税发生时,资本收益之债务人或居于清偿资本收益地位者须扣留并缴纳资本收益税。(第5项第1段)

---

① BGH v. 1.8. 1984. Vgl.〔德〕Franzen/Gast/Joecks, a.a.O., S.587.
② 〔德〕Kirchhof, a.a.O. S.1725.
③ 〔德〕Kirchhof, a.a.O. S.1723.
④ 〔德〕Helmschrott/Schäberle, Abgabenordung, 10. Aufl., Stuttgart, S.241.;〔德〕Nacke, Die Haftung für Steuerschulden, 1999, S.58.
⑤ 〔德〕Tipke/Lang, a. a. O., § 9, Rn, 772.〔德〕Lindberg, Die Besteuerung der Kapitaleinkünfte, München 1996, S.138.

第二章　所得税法上扣缴之实务问题研析

当月扣留之资本收益税额,应于次月10日前向资本收益之债务人或居于清偿资本收益地位者债权人所在地之税捐稽征机关申报并缴纳之(第1项第5段与第45条之1第1项),并负有向债权人交付规定格式证明书之义务(第45条之1第2项)。

关于资本收益税之扣缴,应予厘清者为:"资本收益"之债务人,为负有扣留、缴纳、申报"资本收益税之义务人",即本书所称之扣缴义务人;"资本收益税"之债务人则为"资本收益"之债权人。至于"资本收益税"债务人判断方式为:私法上负有给付资本收益之债务人,或是居于清偿资本收益地位者,担任资本收益税之扣缴义务人。

第三目　对限制纳税义务人之税捐扣缴

德国法上有所谓"无限制纳税义务人"(Unbeschränkte Einkommensteuerpflicht)与"有限制纳税义务人"(Beschränkte Einkommensteuerpflicht)之区分。前者为凡于德国境内有住、居所者,其国内外所得,皆属国家课征所得税之客体。后者,为凡前者以外之人者,仅须就所得税法所规定之税捐客体课征所得税外,其余课税客体,则无需依德国《所得税法》课征所得税[①],近似于台湾地区《所得税法》第2条与第4条之规定。

德国《所得税法》第50条之1第1项规定:本国之股份公司、股份两合公司、矿场协会、有限公司、与社员非视为企业所有人(共同企业)之其他资合公司、协会、与私法上及公法上之社团负限制纳税义务之监事会(管理委员会)之构成员,因监督执行职务而受领自各该企业之各种形式之报酬应予以扣缴。另外,同条第4项另规定,限制纳税义务人就表演艺人、职业运动选手、作家等表演或活动之所得,以及使用动产或权利之对价等应以扣缴方式征收所得税。且应于每季结束之次月十日以前,向管辖税捐稽征机关缴纳。应给付予限制纳税义务人之所得业经薪资税、资本收益税或第50条之1之税捐扣缴程序完成扣缴程序,视为已缴清所得税应纳税额(《所得税法》第50条第5项第1段)。

税捐扣缴亦发生于董事报酬(Aufsichtsratvergütung)与本条第4项所称报酬(Vergütungen)支付予报酬之债权人时(同条第五项)。负有给付报酬义务之债务人,应为限制纳税义务人(即为享有报酬债权之债权人)计算,扣留并缴纳税捐之义务。然应予辨明者为,限制纳税义务人仍为税捐债务人(§50Ⅴ1),非负有给付报酬义务之债务人,亦即扣缴义务人非税捐债务人,

---

① 〔德〕Jakob, a.a.O., S.16ff.

而系责任债务人①。

另外,关于限制纳税义务人扣缴,德国法制上另值得吾人注意者有二:首先为,关于使用动产之对价,或使用权利之对价,特别是指著作权及Know-How 等所给付之权利金或报酬,同条第 6 项另规定:"使用著作权(Recht auf Nutzung von Urheberrechten)或对于使用权(Nutzung)之报酬,倘非直接向债务人给付而是向代理人(Beauftragte)给付时,代理人应扣留或缴纳上揭税捐,并就应扣留与缴纳之税捐负责。"此际,例外地由限制纳税义务人之代理人担任扣缴义务人,其所采用之稽征方式,与我国《所得税法》第89 条第 3 款:"总机构在'中华民国'境外之营利事业,经'财政部'核准或核定适用《所得税法》第 25 条,计算'中华民国'境内之营利事业所得额者,以其营业代理人或给付人为扣缴义务人。"若合符节。其次则为,本条第 7 项复规定,为求确保税捐债权,税捐稽征机关(Finanzamt)对于限制纳税义务人非就源扣缴之所得税额,得采用就源扣缴方法征收之。

第四目 小结

从德国法规定观之,关于薪资税,就雇主之认定而言,虽无明文规定,惟学说上之讨论,仍以受雇人对于何人负有给付劳务之义务者,或依据薪资由何人给付予受雇人之方式判断之,仍谨守私法上之法律关系之给付所得之当事人为扣缴义务人,即以营利事业本身为扣缴义务人,非以营利事负责人本身为扣缴义务人。

另关于资本收益税与对限制纳税义务人之税捐扣缴而言,亦以于私法上具有给付资本收益或报酬义务之债务人,课予其扣缴义务,亦无以债务人之负责人(即其法定代表人)之规定。换言之,给付资本收益或对限制纳税义务人给付报酬之人或居于清偿地位者,于私法关系上如为有限责任公司者,则即为扣缴义务人,负扣缴义务,而非有限责任公司之负责人。

综上所言,德国法就课予扣缴义务之义务人,皆谨守私法上具给付所得义务之人为扣缴义务人之原则,换言之,皆以居于给付所得之枢纽地位之人课予其扣缴义务,而无以营利事业之负责人课予其扣缴义务之立法例。

第二款 以平等原则检验

第一目 以恣意禁止原则审查

虽"宪法"认许立法者拥有"判断余地"(Beurteilungsspielraum)②,而比例

---

① 〔德〕Nacke, Die Haftung für Steuerschulden, 1999, S. 215.
② 此即大法官所称:立法机关之"形成自由",见释字 554 与 433 号等解释。

第二章 所得税法上扣缴之实务问题研析

原则对于"立法者之判断与抉择自由"（Beurteilungs-und Entschließungsfreiheit des Gesetzgebers）仅划定外在界限，唯有当立法者之考量如此明显地谬误，以至于在合理之情况下无法作为立法措施之根据时，立法者始逾越其判断余地①。立法者倘无法依事物本质，或其他方法得出明显之理由以作为区分或相同对待，即为恣意，亦即违反平等原则②，扣缴义务人如由营利事业负责人任之，将导致法体系价值判断失衡，逾越立法者之判断余地之范畴，明显无理由，且未能合理说明扣缴义务与免扣缴义务为何由不同人担任之，而有不同之差别对待，兹详述如下：

扣缴义务人实务上认为应由营利事业负责人任之，由营利事业负责人负扣留、缴纳、申报与填发义务，已如前述。然立法者基于稽征便利原则之考量，对于"应扣缴所得及其他所得③，因未达起扣点，或因不属本法规定之扣缴范围，而未经扣缴税款者"，依《所得税法》第89条第3项规定④，由"公私机关、团体、学校、事业或执行业务者"负申报与填发义务⑤。无须负扣留与缴纳义务，且违反申报与填发义务时，无须如同营利事业负责人般，负任何补缴责任。仅依同法第111条后段就"私人团体或事业"，违反第89条第3项之规定⑥，加以处罚，惟立法者所定之处罚额度，远远不及于营利事业负责人违反扣缴义务时之处罚额度⑦。

营利事业系以追求利润极大化为目的，而从事经济活动，因而发生各种交易，给付各项所得；逆论之，今因给付所得而发生扣缴义务，乃肇因于营利

---

① BVerfGE 30, 292—336. 转引自参见《德国联邦宪法法院裁判选辑》（七），刘淑范译，"司法院"秘书处1997年版，第137页。
② 〔德〕Badura, a.a.O., S.142.；A. Gern, Die Natur der Sache als Rechtsgrundsatz im Verfassungs-und Verwaltungsrecht, Jus 1987, S.852. 转引自高文琦：《论事物本质对司法之作用》，载《宪政时代》第20卷第1期，1994年7月，第94页。
③ 即《所得税法》第14条第1项第10类之"其他所得"。
④ 同法第89条第3项规定："公私机关、团体、学校、事业或执行业务者每年所给付依前条规定应扣缴税款之所得，及第14条第1项第10类之其他所得，因未达起扣点，或因不属本法规定之扣缴范围，而未经扣缴税款者……依规定格式，列单申报主管稽征机关；并……将免扣缴凭单填发纳税义务人。"
⑤ 吴金柱于其大作曾云："扣缴凭单由扣缴义务人申报，免扣缴凭单由给付人（营利事业或执行业务者本身）给付单位责应扣缴单位主管（给付人为政府机关、团体、学校、事业时）申报。"吴金柱：《所得税扣缴实用全书》，台湾三民书局2003年版，第43页。
⑥ 《所得税法》第111条第2项后段："私人团体或事业，违反第89条第3项之规定，未依限填报或未据实申报或未依限填发免扣缴凭单者，处该团体或事业1500元之罚锾，并通知限期补报或填发；逾期不补报或填发者，应按所给付之金额处该团体或事业5%之罚锾。但最低不得少于3000元。"
⑦ 详见《所得税法》第114条或本书第四章。

事业为追求利润之目的之故,职是,从事营利活动因而给付所得者为营利事业。然而,仅因为营利事业多非自然人,须借由自然人行为代表营利事业行为,负责人所为之行为仍属营利事业之行为,法律效果仍归属于营利事业本身,并非归属于其负责人①。再者,按于通常情形,营利事业负责人之财产资力,远不及营利事业本身之财产资力,然立法者因有意或无意的疏失,竟使"营利事业负责人"负担较"私人团体或事业"显为吃重:从形式面观之,营利事业负责人较"私人团体或事业"多负担扣留与缴纳义务;从实质面观之,前者除须负担扣留与缴纳义务之外,亦须负担"扣留税款至缴纳前税款之保管义务",法秩序之价值判断即显有矛盾,显有不合理之处。易言之,立法者有恣意之处,因而违反平等原则。

又,扣缴义务人违反扣缴义务须负补缴与处罚责任。然"私人团体或事业"违反申报与填发义务时,仅须接受处罚,而无须另负补缴责任。立法者于处罚方式选择上,营利事业负责人未履行四项扣缴义务,须"按应扣未扣或短扣之税额处一倍之罚锾;其未于限期内补缴应扣未扣或短扣之税款,或不按实补报扣缴凭单者,应按应扣未扣或短扣之税额处三倍之罚锾"。纵营利事业负责人仅违反申报与填发义务,须受"按扣缴税额处20%之罚锾。但最高不得超过2.25万元,最低不得少于1500元;逾期自动申报或填发者,减半处罚。经稽征机关限期责令补报或填发扣缴凭单,扣缴义务人未依限按实补报或填发者,应按扣缴税额处3倍之罚锾。但最高不得超过4.5万元,最低不得少于3000元。"然而,私人团体与事业于违反申报与填发义务时,须受"处该团体或事业7500元之罚锾,并通知限期补报或填发;逾期不补报或填发者,应按所给付之金额处该团体或事业百分之五之罚锾。但最低不得少于1.5万元"②。从事营利活动者为营利事业本身,给付各项所得之义务人亦为营利事业。然而,营利事业负责人所负之处罚罚锾额度,竟明显高于私人团体或营利事业所负之处罚罚锾额度。易言之,营利事业负责人所受处罚明显较营利事业严苛,不合理之处,至为显然,立法价值判断显有矛盾,而流于恣意。

综上所陈,如扣缴义务人由营利事业负责人任之,较与本法第83条所

---

① "最高法院"1960年台上字第2434号判例,王泽鉴:《民法总则》,台湾三民书局2000年版,第174页。

② 依《罚金罚锾提高标准条例》第1条与第3条之授权,"行政院"将《所得税法》第111条之罚锾数额,提高为5倍。

定私人团体与事业之所负之义务，更为吃重，所负之补缴与处罚之额度，亦显为严苛。立法者对于所得税扣缴与免扣缴义务，分别交由不同之人任之，从事营利活动而发生各项应扣缴所得义务之人，所负之义务与处罚较轻，竟使财产资力较小者——营利事业负责人，负担更重更苛的义务与责任，价值轻重判断显有矛盾与失衡，显然不合理，未能合理说明其差别待遇之理由安在，违反恣意禁止原则，而有违平等原则。

第二目 以不当联结禁止原则检验

立法者于依《所得税法》第7条第4项即明文揭示："本法称扣缴义务人，系指依本法规定，应自付与纳税义务人之给付中扣缴所得税款之人①。"易言之，扣缴义务人，应指有权决定自付与纳税义务人之给付中扣缴所得税款之人②。然于私法上，所得之给付名义人为"私人团体或事业"，非"营利事业负责人"，前者为"法人或非法人团体"，后者，则为自然人，依法为个别之权利主体，各自享有不同之权利能力。然因"法人或非法人团体"，未能自为行为，须以代表人行为视为"法人或非法人团体之行为"③。准此，营利事业负责人于给付应扣缴之所得时④，所为之行为"非营利事业负责人本身"之行为，系"私人团体或事业"本身之行为。所谓应"自付"与纳税义务人之给付中扣缴所得税款之人，应为"私人团体或事业"，而非营利事业负责人。

兹举一例说明之，A任职于某股份有限公司（负责人为B），纵负责人B出面与A签订契约，其雇佣契约关系存在于A与该公司间，负有给付报酬义务者为该公司，而非负责人B。于给付A薪资报酬时，所为给付行为之人为该公司，仅由负责人B代表为之，负责人B所为之行为乃该公司之行为。准此，自付与纳税义务人之给付中扣缴所得税款之人，应为该公司，而非负责人B。

再者，营利事业负责人于法律上非享有"私人团体或事业"之业务决定

---

① 1955年12月23日公布《所得税法》第5条第3项："本法称扣缴义务人系指依本法规定应自付予纳税义务人之给付中加缴所得税款之人。"

② 学者黄俊杰氏认为此一定义，方符权责划分及权责均衡之要求，亦为负赔缴或罚锾责任之扣缴义务人。见黄俊杰：《税捐之扣缴与赔缴》，载《纳税者权利保护》，台湾翰芦图书出版有限公司2004年版，第186页。

③ "最高法院"1960年台上字第2434号判例，王泽鉴：《民法总则》，台湾三民书局2000年版，第174页。

④ 按事业负责人实务上以营利事业登记资料认定之，非必然为法人或私法人之代表人，然两者于通常情形，皆为同一人。详见，王文宇：《公司法论》，台湾元照出版有限公司2003年版，第729页；柯芳枝著：《公司法论（下）》，台湾三民书局2003年版，第19页。

权，又，以"营利事业负责人"为扣缴义务人，其不当之处亦明显可见，皆已如前述。职是，立法者将非居于给付所得之枢纽地位者，亦非应自付与纳税义务人所得之名义人，课予扣缴义务，将与事物本质无实质内在关联者，互相结合，亦无合理之理由，不仅恣意，且有违不当联结禁止原则，应属"违宪"。

第三目 小结——扣缴义务人应为营利事业

综上所言，自扣缴义务之规范特征观之，辅以德国立法例之观察①，吾人可以得知应对于私法上具有给付所得义务之债务人为扣缴义务人，课予其扣缴义务，易言之，扣缴义务人，应为营利事业，而非营利事业负责人。倘以营利事业负责人为扣缴义务人，客观上具有未能履行扣缴义务之期待可能性。再者，立法者恣意地将扣缴义务人以及申报免扣缴与填发免扣缴凭单之义务人，分属营利事业负责人或营利事业本身，导致法秩序价值判断失衡，无法合理说明其差别待遇之理由安在，有违平等原则下之子原则——恣意禁止原则与不当联结禁止原则，逾越宪法赋予立法者立法形成空间，应属违宪。

惟今解决之道仅赖于，实务上将《所得税法》第89条第1项第1款之扣缴义务人，透过合宪性解释（verfassungskonforme Auslegung）之方式②，将该款之扣缴义务人解释为："公司"、"合作社"、"合伙组织"或"独资组织负责人"。至于同条项第2款，因无如同第1款有作成合宪性解释之解释空间，尽得亟待立法机关迅速修法，解除"违宪"状态。倘否仅得等待大法官宣告上开法律"违宪"。

第四节 本章结论

所得税法上之扣缴义务，乃扣缴义务人为纳税义务人计算，扣留给付纳税义务人一定金额之税款后，由扣缴义务人向税捐机关缴纳并申报，其后亦

---

① 《中华人民共和国个人所得税法》第6条："个人所得税，以所得人为纳税义务人，以支付所得的单位为扣缴义务人。"《中华人民共和国外商投资企业和外国企业所得税法》第19条第2款规定："依照前款规定缴纳的所得税，以实际受益人为纳税义务人，以支付人为扣缴义务人。"亦以支付人所得的单位或支付人为扣缴义务人，而非负责人，例如出版社支付稿费并代扣个人所得税；扣缴义务人可以是法人或自然人。见李建国、曹叠云主编：《〈中华人民共和国征收管理法〉释义及实用指南》，中国民主法制出版社2001年版，第68页；卞耀武主编：《中华人民共和国税收征收管理法释义》，法律出版社2001年版，第40页。

② 关于"合宪"性解释之运用，参见吴庚：《宪法的解释与适用》，台湾三民书局2003年版，第581页以下。

填发扣缴凭单予纳税义务人。质言之,即包含扣留义务、缴纳义务、申报义务与填发义务等四项义务。其特征为,非属纳税义务人或税捐债权人之义务,而系第三人之公法上之行为义务。

扣缴义务属税捐稽征程序中之一环,应由着制服的公务员为之,然基于扣缴之目的在保障所得税之税收与调节"国库"收入目的等公共利益①,虽限制扣缴义务人之工作权与财产权,然因可通过比例原则与平等原则之检验,应肯认其"合宪"性,于"宪法"上自有其"合宪"性基础,德、日通说见解亦若合符节,释字317号解释之见解应予赞同。

惟《所得税法》第89条第1项第1款规定,扣缴义务人为公司、合作社、合伙组织或独资组织负责人,同条第2款复规定,扣缴义务人为机关、团体之责应扣缴单位主管、事业负责人及执行业务者。其中,第1款之扣缴义务人,实务上认定为营利事业之负责人,非营利事业,第2款则明定为营利事业负责人。然以营利事业负责人,将导致负责人对于所属营利事业之给付所得,有不具管领力等种种不当之处。有违"宪法"上恣意禁止原则与不当联结原则而有违平等原则,逾越扣缴义务于"宪法"上之界限,亟待以"合宪"性解释之方式或立法修正之方式,检讨改进,以符合"宪法"之意旨。

---

① "最高行政法院"2003年判字第1033号判决。

第三章　扣缴义务人补缴责任之实务问题研析

第一节　本章概说

扣缴义务人倘皆依法履行其扣缴义务,固无违反后之责任疑义。然倘扣缴义务人未依法履行扣缴义务,即须补行其原有义务与处罚之法律效果。就违反扣缴义务之法律效果,除处罚以外,最重要者莫过于补缴责任,然其性质为何?是否即为实务上所谓赔缴义务?又,补缴责任之主观与客观构成要件应为何?补缴之范围为何?补缴责任之宪法上界限为何?于所得税之扣缴实务上,皆具有相当之重要性以及讨论之价值。本章即以补缴责任为中心,借由实务上所引发之争议,探讨补缴责任之宪法界限。

第二节　违反扣缴义务之责任

扣缴义务人依法应履行扣留、缴纳、申报与填发等四项公法上义务,倘扣缴义务人未依法履行上揭义务之一部或全部,扣缴义务人原则上应负不履行之责任,其责任之类型,可区分为二:一为,补缴、补报与补发责任;二为,税捐刑罚与税捐秩序罚,兹分述如下:

第一项　补缴、补报与补发责任

倘扣缴义务人未履行扣留与缴纳应扣未扣、或短扣之税款,依《所得税法》第94条与第114条第1项之规定,应负补缴责任,由税捐稽征机关限期令扣缴义务人补缴应扣未扣或短扣之税款。又,扣缴义务人未遵期或按实申报或填发扣缴凭单予纳税义务人,依同法第114条第2款之规定,由稽征机关责令补报或补发之责任。

不论补缴、补报与补发责任,可谓以回复原状之方法,填补违反公法上义务之所生损害,为原公法上义务之延长,具有敦促扣缴义务人履行应尽义务之效果。然值得注意者为,扣缴义务人乃为纳税义务人计算,扣留并缴纳税款。所得税之税捐债务人仍为纳税义务人,扣缴义务人仅负有将扣留税款缴纳之义务。然因法律规定扣缴义务人即负有以自己财产为担保实现他人公法上金钱给付义务。此一补缴责任即为扣缴义务人之自己责任之债务，补缴责任之义务人为扣缴义务人，而非纳税义务人。惟纳税义务人不因有扣缴义务人之补缴责任而免除其税捐义务。须待扣缴义务人已清偿实现补缴责任，于扣缴义务人已清偿补缴责任范围内，纳税义务人之所得税税捐债权方归于消灭[1]。

第二项 税捐刑罚与税捐秩序罚

扣缴义务人违反扣缴义务时，除应补缴、补报或补发之外，《所得税法》第111条、同条之1第3款与第114条第1款至第2款，另依其违反行为态样之不同，而有不同之法律效果。主要得区分为：税捐刑罚与税捐秩序罚两种类型。对此，详见第四章之叙述，本章不另赘述。

第三节 补缴之性质分析

第一项 补缴即赔缴？

扣缴义务人的补缴责任主要是依据《所得税法》第94条第1项与第114条规定。如原扣税额与稽征机关核定税额不符时，不足之数由扣缴义务人补缴。倘扣缴义务人如未依《所得税法》第88条规定扣缴税款者，税捐稽征机关得限期责令补缴应扣未扣或短扣之税款及补报扣缴凭单。如已依法扣缴税款，而未依《所得税法》第92条规定之期限按实填报或填报扣缴凭单者，亦得限期责令补报或填发[2]。扣缴义务人须以自己全部财产为补缴责任之担保，对稽征机关负有缴纳责任[3]，且责任范围无金额上限，故扣缴义务人

---

[1] 陈敏：《扣缴薪资所得税之法律关系》，载《政大法学评论》第51期，1994年6月，第66页。扣缴义务人与纳税义务人间，因此一补缴责任而成立近似于不真正连带债务之法律关系。

[2] 实务上责令补缴之扣缴税款，均由主管稽征机关填发，缴纳期限皆订为十日。此外，扣缴义务人逾第92条规定期限缴纳所扣税款者，每逾二日加征百分之一滞纳金。又，依实务上作法责令补缴应扣未扣或短扣之税款，仍须加征滞纳金与利息。惟吴金柱氏认为此实无税法依据，且不得分别类推适用税法上相有关滞纳金或利息之规定。详见吴金柱：《谈所得税扣缴税款加征滞纳金——兼及加计利息之法律依据》，载《税务旬刊》第1827期，2002年6月，第7—9页。

[3] 陈敏：同前注[1]，第67页。

的责任,不可谓不重①。

然而,所得税法规定,扣缴义务人违反扣缴义务须负"补缴"责任,即学理上所称之"责任债务",固无疑义。然实务上径称为"赔缴",视补缴责任与赔缴义务两者性质相当,惟无明确之说明②。

第一款 补缴之责任范围

按扣缴义务系法律课予扣缴义务人法律义务,倘扣缴义务人违反扣缴义务,税捐稽征机关即无法有效掌握税源,国家亦无法按纳税义务人实际所得课征所得税,导致国家有遭受损害之可能性。准此,国家课与扣缴义务人补缴责任,补行缴纳原应扣未扣或短扣之税额,故补缴责任具有某程度公法上损害赔偿性质,而不具有惩罚性③。再者,补缴责任,非等同于税捐债务,故扣缴义务人亦非第二次纳税义务人,而系"责任债务人"④,其课征亦非以负担税捐能力决定,即不适用量能课税原则,而系依责任能力决定⑤。

第二款 赔缴之责任范围

赔缴义务,顾名思义,系赔缴义务人违反税法上所负之义务,因而须负损害赔偿责任,其负责损害赔偿之范围应以填补违反税法上所负之义务致生之损害为限。准此,扣缴义务人违反扣缴义务,须负赔缴责任,应以所引

---

① 又依《税捐稽征法》第 50 条规定:"本法对于纳税义务人之规定,除第 41 条规定外,于扣缴义务人、代征人、代缴人及其他依本法负缴纳税捐义务之人准用之。"因此扣缴义务人须依同法第 46 条规定同意税捐稽征机关或财政部赋税署指定之调查人员调查,提示有关课税资料、文件。且经税捐稽征机关或财政部赋税署指定之调查人员通知须到达备询。否则,前者须处新台币三千元以上三万元以下罚锾;后者,须处新台币三千元以下罚锾。另依《所得税法》第 97 条准用第 83 条至第 86 条规定,扣缴义务人须提示账簿、文据与经通知须到达备询。

② 陈敏:《扣缴薪资所得税之法律关系》,载《政大法学评论》第 51 期,1994 年 6 月,第 65 页。另参"财政部"1965 年台财税发字第 6180 号函全文:"查《所得税法施行细则》第 82 条上半段规定,本法第 88 条第 1 项所称给付时,系指实际给付转账给付或汇拨给付之时,本案××公司自 1962 年 6 月起给付员工薪资所得,虽均系以借支方式列账,但员工借支薪资届期时,该公司自应即予冲正,并依上项规定按率扣缴应纳税款,如届期未予冲正及扣缴税款者,稽征机关应依《所得税法》第 114 条之规定,除责令赔缴税款外,并送罚。";"财政部"1998 年台财税字第 871926093 号函说明二:"扣缴义务人于给付纳税义务人各类所得时,未依《所得税法》第 88 条规定于给付时依规定扣缴率扣取税款,或虽已扣取税款,但未依同法第 92 条规定期限缴纳或申报扣缴凭单者,依《税捐稽征法》第 21 条第 1 项第 3 款规定,其核课期间为 7 年;至已依规定办理扣缴,经缴纳扣缴税款并申报扣缴凭单,而仅部分所得于给付时未予报缴者,除查有故意以诈欺或其他不正当方法逃漏税捐者外,其核课期间为 5 年。扣缴义务人在上开期间内经稽征机关查获前述情形时,应依《所得税法》第 114 条规定责令赔缴及处罚。"以及下节所述台北高等行政法院判决。

③ 〔德〕Schmidt, Einkommensteuergesetz, 16. Aufl., 1997, S.2085.

④ 黄茂荣:《税法总论》(第 1 册),台湾植根法学丛书编辑室 2002 年版,第 297 页。

⑤ 黄茂荣:同上注,第 323 页。

第三章　扣缴义务人补缴责任之实务问题研析

起之损害为限。然有疑义者为，以纳税义务人所欠缴之税款为限①，该所得应为应扣未扣之税款？抑或纳税义务人于结算申报后，该所得所应缴纳之所得税额？

对于非预缴式之扣缴而言②，扣缴义务人为纳税义务人扣缴税款后，纳税义务人即完纳所得税税捐，纳税义务人无需另行结算申报、缴纳税捐或申请退税，故其适用之扣缴率，乃最终税率。换言之，纳税义务人所欠缴之税款等于应缴纳之所得税额，即国家所受之所得税额之损害，从而，无前述之疑义。

惟就预缴式之扣缴而言，扣缴义务人未依法扣缴，国家因扣缴义务人未扣缴虽有税收损失之可能性，惟仍须视纳税义务人于次年结算所得税申报时，就该笔所得是否申报并缴纳所得税，方得确定国库是否因扣缴义务人未为扣缴致生损失③。承此，国库不因扣缴义务人未为依法扣缴，即致生国库损失④。再者，扣缴义务人依法应扣未扣或短扣，且纳税义务人未为申报并缴纳，纵使致生之税捐债务未能获得满足之损害，亦不等同于国库之损害。盖该笔应扣未扣或短扣税额之所得，"不等于"纳税义务人就该笔所得应纳之所得税额。纳税义务人年度综合所得税之应纳税额，端视纳税义务人该年度净所得总额应适用之累进税率，计算得出。兹举二例以明之：

(例一)设若A为台湾地区境内居住之个人，A于2003年度个人综合所得总额，减除免税额及扣除额后之综合所得净额，共计新台币(下同)四百万元。其中包含某汽车公司给付A权利金所得共五十万(采一次给付)，然该汽车公司未为扣缴。

依《各类所得标准扣缴率标准》第2条第1项第6款规定："权利金按给付额扣取15%。"是故，该汽车公司应于给付权利金所得时扣缴7.5万元(应扣税额)。

而A于结算申报2003年度所得税时，依《所得税法》第5条第2项第5

---

① 黄茂荣：《税法总论》(第1册)，台湾植根法学丛书编辑室2002年版，第355页。
② 见本书第二章第一节。
③ 于所得税结算申报时，国家方得确定纳税义务人应纳之所得税额，纳税义务人是否应缴纳余额，或是申请退税。
④ 纳税义务人有可能于次年结算申报后即缴纳未为扣缴所得之所得税。

款规定,应适用累进税率40%,A该年度应纳税额为944700元[①]。倘A未诚实申报该权利金所得50万元,则A将仅缴纳767700元,两者差额为177000元(国库损失之税额)。

(例二)B为台湾地区境内居住之个人,B于2003年度个人综合所得总额,减除免税额及扣除额后之综合所得净额,共计30万元。其中包含某汽车公司某甲给付A权利金所得共五十万(采一次给付),该汽车公司应于给付权利金所得时扣留75000元(应扣税额),然该汽车公司仍未为扣缴。

而B于结算申报2003年度所得税时,依《所得税法》第5条第2项第1款规定,应适用累进税率6%,B该年度应纳税额为18000元。倘B未申报该权利金所得额,则该年度B无需缴纳所得税。

于例一中,因扣缴义务人未为扣缴权利金所得,A亦未诚实申报,国库因而短收177000元。例二中,扣缴义务人未为扣缴权利金所得,B亦未诚实申报,国库因而短收18000元。二例中,扣缴义务人应扣未扣之扣缴数额,虽皆为75000元,然致生之国库税收损失,却不尽相同,职是,可知扣缴义务人依法应扣未扣或短扣,其未扣或短扣税额,不等于纳税义务人未为申报或短报该项所得所生之逃漏税额。

从而,赔缴义务既以填补违反义务所致生之损害为限,当以纳税义务人于结算申报后,所应缴纳之所得税额为限,此方为国家所受之损害,亦为赔缴义务人赔偿之责任范围。就非预缴式扣缴,应缴纳之所得税额等于应扣未扣之税款。惟对于预缴式扣缴而言,两者之数额即不相同。

综合上述,补缴责任之责任范围以应扣未扣或短扣之税额为限;赔缴义务之赔偿责任范围,则应以填补国家所受之损害为限,即以纳税义务人应纳未纳或短纳税额为限。从而,两者应属两种截然不同责任形态之义务类型,不应相互混淆使用,而以"赔缴"一词,称呼《所得税法》第94条第1项与第114条所谓之"补缴"。至于扣缴义务人之赔缴义务,于台湾地区实定法上,则未为明文之规范。

---

① "财政部"2002年台财税字第0910066505号公告2003年度综合所得税免税额、标准扣除额、薪资所得特别扣除额、残障特别扣除额及课税级距之金额:"……五 2003年度综合所得税课税级距及累进税率如下:(一)全年综合所得净额在37万元以下者,课征6%。(二)超过37万元至99万元者,课征2.22万元,加超过37万元以上部分之13%。(三)超过99万元至198万元者,课征10.28万元,加超过99万元以上部分之21%。(四)超过198万元至372万元者,课征31.07万元,加超过198万元以上部分之30%。(五)超过372万元者,课征83.27万元,加超过372万元以上部分之40%。"

第二项　补缴责任与纳税义务人之关系

关于补缴责任,扣缴义务人与纳税义务人两税捐主体间①,于台湾地区法上,虽未如德国法般,明文规定两责任债务属连带债务,两者皆为连带债务人②。是故,扣缴义务人未依法履行扣留与缴纳义务,就纳税义务人而言,原则上无需负担补缴责任,仅于扣缴义务人未履行扣缴责任,而有行踪不明或其他情事,致无从追究者,稽征机关得径向纳税义务人征收之(《所得税法》第89条第2项参照),否则,仅得次年度结算申报且纳税义务人未申报该项所得,以补征之方式征收之(《所得税法》第110条第1项与第2项参照)③。

然而,一旦扣缴义务人履行其补缴责任,其补缴责任即因清偿而消灭。至于纳税义务人之所得税税捐债务,亦于扣缴义务人清偿之范围内并同消灭④,是故,两者虽非明文规定为连带债务人,惟就外部而言,仍具有不真正连带债务之关系。

---

① 刘剑文主编:《财政税收法》,法律出版社2003年版,第196页。
② "最高行政法院"2002年度判字第1366号判决以:"《所得税法》第89条第2项及第94条所规定之扣缴义务人责任仅类似民法对纳税义务人之原告之主债务人之连带履行纳税责任,因居于债权人之税捐机关之再审被告对连带请求履行纳税责任有选择履行之权利,难谓有违'宪法'平等原则或违法之可言"。
③ "最高行政法院"2002年判字第1566号判决:"扣缴制度系纳税义务人于结算申报前取得所得时,预计其应纳之税额,责由扣缴义务人于给付该所得时,先行扣缴预计之税款,嗣纳税义务人结算申报时,持以扣抵应纳税额,是所扣缴之税款,实由纳税义务人负担。……如扣缴义务人有行踪不明或其他情事致无从追究者,依同法第89条第2项规定,得径向纳税义务人征收之。惟该二规定,并非禁止稽征机关于结算申报缴税期限届满后,亦不得直接向纳税义务人征收。扣缴主要用意在于结算申报期前先行收取税款,如已届结算申报期,纳税义务人漏未申报,税捐稽征机关可依《税捐稽征法》第21条第2项规定补征其税款,毋庸先向扣缴义务人追缴应扣缴之税款,扣缴义务人再向纳税义务人追偿之;所追缴之扣缴税款再与结算申报之应纳税额相较,不足部分再向纳税义务人征收,多余部分退还纳税义务人,徒增劳费。"另"最高行政法院"2002年判字第1370号判决:"扣缴义务人未尽纳税义务时,税捐稽征机关固得依《所得税法》第94条第1项令扣缴义务人补缴,再由扣缴义务人向纳税义务人追偿之。如扣缴义务人有行踪不明或其他情事致无从追究者,依同法第89条第2项规定,得径向纳税义务人征收之。惟该二规定,并非禁止稽征机关于结算申报缴税期限届满后,亦不得直接向纳税义务人征收。扣缴主要用意在于结算申报期前先行收取税款,如已届结算申报期,纳税义务人漏未申报,税捐稽征机关可依《税捐稽征法》第21条第2项规定补征其税款,毋庸先向扣缴义务人追缴应扣缴之税款,扣缴义务人再向纳税义务人追偿之;所追缴之扣缴税款再与结算申报之应纳税额相较,不足部分再向纳税义务人征收,多余部分退还纳税义务人,徒增劳费。"皆值得参考。
④ 陈敏:《扣缴薪资所得税之法律关系》,载《政大法学评论》第51期,第66页。

第四节　补缴责任是否有"责任的从属性"之适用？

第一项　问题概说

依《所得税法》第 114 条第 1 款规定，扣缴义务人就应扣缴税款负担保责任，如未依法扣缴足额之扣缴税额，即发生责任债务，应补缴未扣或短扣税款。此一责任是否具备独立性，仅扣缴义务人未依法扣缴即发生之？抑或应有"责任的从属性"？换言之，即其责任债务应从属于纳税义务人税捐债务发生而发生，且税捐稽征机关尚未向纳税义务人强制执行无效果前，不得向扣缴义务人请求。正如同民法上保证债务般，保证债务从属于主债务，主债务不发生，从债务亦不发生；债权人未对主债务人执行无效果前，亦不得对保证债务人强制执行。质言之，补缴责任之成立要件是否仅限于《所得税法》第 114 条第 1 款所规定者，亦即客观上有依法应扣未扣或短扣之税额发生者为限？是否有另不成文构成要件要素存在？

本节以"最高行政法院"2000 年判字第 1511 号判决与台北高等行政法院 2000 年诉字 2814 号判决各为代表实务上多数见解与少数见解。前者，虽无明言补缴责任有独立性或"责任的从属性"之适用，为综观判决理由，仅以《所得税法》第 114 条第 1 款规定之要件为审酌标准，认定被告机关为补缴处分为合法之处分，似认补缴责任应具备独立性；后者，虽为限制出境之案例，惟于判决理由中明文肯认补缴责任有"责任的从属性"之适用，其责任债务应从属于纳税义务人税捐债务发生而发生。

第一款　"最高行政法院"2000 年判字第 1511 号判决——不问补缴责任之"责任的从属性"（多数见解）

第一目　案例事实

原告自 1994 年 5 月 10 日至次年 3 月 5 日登记为台南市宏大中医医院之负责人，为扣缴义务人。该院于 1994 年 5 月至 12 月间给付员工薪资计新台币（下同）2810359 元，应扣缴税款 383170 元，原告未办理扣缴。案经法务部调查局北部地区机动工作组查获，移由被告责令原告补缴上开应扣缴之税款 383170 元。

第二目　判决理由

扣缴义务人未依《所得税法》第 88 条规定扣缴税款者，应限期责令补缴应扣未扣或短扣之税款及补报扣缴凭单，复为同法第 114 条第 1 款前段所规定。原告自1994年5月10日至1995年3月5日为台南市宏大中医医院之负责人，为《所得税法》第89条第1项第2款规定之扣缴义务人，有台南市卫生局之医事人员动态纪录附卷足凭。该院于1994年5月至12月间给付员工薪资计2810359元，应扣缴之税款383170元，未依《所得税法》第88条规定，于给付薪资时扣取税款，案经调查局北机组查获，被告乃依同法第114条第1款前段规定责令原告补缴上开应扣缴之税款383170元。……被告以原告未依规定于给付该院员工薪资时办理扣缴税款，乃依规定责令原告补缴系争应扣缴之税款383170元，揆诸相关规定，经核并无违误，一再诉愿决定递予维持，亦无不合。原告起诉意旨难谓为有理由，应予驳回[1]。

第二款　台北高等行政法院2000年诉字2814号判决——补缴责任有"责任的从属性"之适用（少数见解）

第一目　案例事实[2]

原告于1991年10月至1993年9月间担任中山科学研究院（下称中科院）系统制造中心主办会计，因未扣缴该机关非军职人员薪资所得中之品位加给及技术津贴部分之所得税，经台湾省北区"国税局"限期令其补缴税款新台币（下同）13653761元而未补缴，滞欠1992、1993年度综合所得税、滞纳金及利息计18206046元，被告所属台湾省北区"国税局"乃依《限制欠税人或欠税营利事业负责人出境实施办法》第2条第3项规定，于1999年4月14日书函不许原告出境。原告不服，经提起诉愿、再诉愿，均遭驳回，遂提起本件行政诉讼。

第二目　判决理由

按课税事实一旦发生，纳税义务人即应本于自己之责任，负缴纳税捐之义务，但为确保税捐之征起，税法亦有创设某些责任条件，使符合责任条件之特定第三人对于他人之税捐债务负责之情形，此为学理上所称之"税法上责任债务"或"第二次纳税义务"。例如薪资所得人为纳税义务人，应以自己之全部财产负缴税之义务，而机关之会计主管则因特殊之身份，为确保综合

---

[1] 相同见解"最高行政法院"1999年判字第303号判决、1998年判字第2598号判决、1999年判字第3565号判决。另"最高行政法院"2002年判字第1343号判决：："《所得税法》第94条虽定有扣缴义务人有补缴应扣而未扣款义务之规定，惟此规定系课予扣缴义务人以义务，稽征机关因此项规定就先向扣缴义务人或纳税义务人催缴税款有选择之权，而非用以免除纳税义务人之纳税义务或变更纳税义务之顺位，纵本件所得之扣缴义务人未为税款之扣缴，再审被告仍得对再审原告等课征本件税款。"似亦认为稽征机关为补缴处分时，无须虑及补缴责任要件有从属性之适用，得自由选择向何人为补征或补缴之处分。

[2] 此为扣缴义务人因未按时缴纳补缴税款遭"财政部"限制出境之案件。

所得税之征起，因法律之特别规定而有协助稽征机关之义务，故为扣缴义务人，如其未依法扣缴，除应负赔缴责任外，并依法受罚，此观《所得税法》第114条第1款规定"扣缴义务人未依第88条规定扣缴税款者，除限期责令补缴应扣未扣或短扣之税款及补缴扣缴凭单外，并按应扣未扣或短扣之税额处一倍之罚锾"之规定即明。惟扣缴义务系因基于特别之责任条件而产生，其未尽扣缴义务时，对"国家"所负者为赔缴债务人，其本非纳税义务人，故如纳税义务人业已缴纳应纳之税捐，赔缴义务即无从存在，此为赔缴债务人责任之从属性（参照陈清秀著《税法总论》第342页以下，2001年版），纳税义务人与赔缴义务人之责任关系，如不做上开解释，税捐债权人将受重复之清偿，而有不当得利。被告所举"财政部"1998年台财税第871970912号函释示①，扣缴义务人未依规定扣缴税款，经稽征机关责令补缴应扣未扣之税款后，又未依限缴纳，纵该所得经稽征机关依法并计补征所得人之综合所得税后，仍应依据《所得税法》第114条第1款前项规定，限期责令补缴应扣未扣或短扣之税款等语，核与前述纳税义务及扣缴义务之法律性质相违背，本院自可拒绝适用。

第三款　问题之分析

补缴责任是否具备从属性或独立性？综观前揭"最高行政法院"判决全文未置一词，惟就纳税义务人是否已尽系争所得缴纳应纳之所得税额，未为调查，被告机关亦未于本件中陈述或举证，"最高行政法院"即径行认定，被告机关认事用法无误②，似肯认补缴责任应采独立性，即不问系争所得纳税义务人是否业已缴纳所得税，亦即所得税税捐债务是否业已消灭，此一见解，亦为行政法院实务普遍所采纳之见解。然而，值得注意者为，台北高等行政法院于限制出境一案中，首开先例，援引学者陈清秀氏之见解，认为补缴责任应具备从属性。换言之，补缴责任债务，须恃纳税义务人系争所得之税捐义务成立后方成立，倘纳税义务人业已缴纳应纳之所得税，税捐债务既

---

① "财政部"1998年台财税第871970912号函规定："扣缴义务人未依规定扣缴税款，经稽征机关责令补缴应扣未扣之税款后，又未依限缴纳，纵该所得业经稽征机关依法并计补征所得人之综合所得税后，仍应依据《所得税法》第114条第1款前段规定，限期责令补缴应扣未扣或短扣之税款……并按应扣未扣或短扣之税款处一倍之罚锾。"惟已以"个案核示"为由，免列于2001年版"所得税法令汇编"，已不得再行援用。见"财政部"税制委员会：《所得税法令汇编》，"财政部"2001年版，免列理由索引第10页。

② 就课予扣缴义务人补缴责任，"最高行政法院"多数判决多未职权调查系争所得是否业已缴纳所得税，即认定补缴处分合法。见"最高行政法院"1999年判字第303号判决、1998年判字第2598号判决、1999年判字第3565号判决。

以消灭，则补缴责任即失所附丽，亦归于消灭。

扣缴义务人违反扣留义务与缴纳义务，应而负补缴责任，究应有"责任的从属性"之适用，抑或，是否应具备"独立性"，亦端视扣缴义务人之责任于宪法上之界限，究竟为何？辅以比较法之立法例之观察，方得具体解答之。

第二项 德国法上违反扣缴义务时之责任债务

第一款 责任债务的概念与目的

税捐法如同民法一般存在债务（Schuld）与责任（Haftung）之区别[①]。税捐债务乃国库对于税捐义务人，因构成要件实现而与给付义务相联结之债权[②]。就债务人而言，债务乃本身之债务，应给付予债权人，并以自己本身财产担保实现之。

税捐法上之责任则意指：责任债务人对于第三人债务的绝对担保（Einstehenmüssen）[③]。换言之，责任债务乃担保他人税捐债务，责任债务人对于他人税捐债务之实现负有担保责任。是故，责任请求权之发生须同时该当责任构成要件，此乃当然之理，惟是否由税捐稽征机关另作成责任裁决，则非必要[④]。

国家对于税捐义务人享有请求权，仅建立在税捐债务构成要件实现之基础上，不问是否债务人有无能力或意愿实现该请求权[⑤]。从而，立法者为确保税捐债务，因而于税捐实体法中创设责任构成要件，且尽可能地扩张至他人。质言之，责任债务之目的在于责任债务人对于第三人税捐债务的担保[⑥]。

第二款 责任债务的要件

第一目 从属性

德国法上，责任债务（即§§69—75 AO 所规定之责任）之发生，以税捐债务的构成要件与责任构成要件两者均该当为前提。换言之，责任债务仅于税捐债务关系之请求权已经发生（含同时发生）方成立，此即"责任的从

---

① 〔德〕Tipke/Kruse, AO/FGO Kommentar, Köln 2002, 17. Aufl., Vor § 69 Rn 10.
② 〔德〕Nacke, Die Haftung für Steuerschulden, Köln 1999, S.1.
③ BFH BStBl. 84, 69.转引自〔德〕Tipke/Kruse, a.a.O. Vor § 69 Rn 10.；〔德〕Nacke, a.a.O., S.1.
④ 〔德〕Tipke/Kruse, a.a.O. Vor § 69 Rn 2.
⑤ 〔德〕Tipke/Kruse, a.a.O. Vor § 69 Rn 8.
⑥ BFH BStBl. 84, 69.转引自〔德〕Tipke/Kruse, a.a.O. Vor § 69 Rn 10.；〔德〕Nacke, a.a.O., S.1.

属性"[①]（Akzessorietät der Haftung）之表现。雇主担保薪资税额（§42d EStG）、资本收益债务人担保资本收益税额（§44Ⅴ1 EStG），以及应给付报酬之债务人对于给付限制纳税义务人之报酬应担保其扣缴税额(50aⅤ 5 EStG)等责任债务皆有从属性之适用[②]。

惟责任债务之发生，肇因于逃漏税捐罪（Steuerhinterziehung）或税捐赃物罪（Steuerhelerei），得直接对责任债务人请求，此为从属性之例外（§191 Abs.5 S.2 AO）[③]，此际，无"责任的从属性"原则之适用。

第二目　补充性

按台湾地区《民法》第745条规定保证人有"先诉抗辩权"，保证人对于债权人未就主债务人之财产强制执行无效果前，得拒绝清偿。盖主债务人负第一次之责任，保证人负第二次责任之故。学说上，称为"保证契约之补充性"[④]。

扣缴义务人非因扣缴程序，而成为所得税税捐债务之纳税义务人。其于税捐法律关系上仅为"责任债务人"，税捐债务人仍为纳税义务人，因而纳税义务人须负第一次给付责任，补缴责任亦有此一特性。德国《税捐通则》第219条规定："法律别无规定时，须对税捐债务人之动产强制执行无结果，或可认定其强制执行无结果者，始得催告责任债务人为缴纳[⑤]。"易言之，仅税捐机关对纳税义务人动产强制执行无效果或可认定其强制执行将无结果时，始得向责任债务人请求，此即为"责任的补充性"（Subsidiarität der Haftung）之表现[⑥]。反之，尚未对纳税义务人强制执行前，不得向扣缴义务人请求补缴。关于雇主担保薪资税额（§42d EStG）、资本收益债务人担保资本收益税额（§44Ⅴ1 EStG），以及应给付报酬之债务人对于给付限制纳税义务人之报酬应担保其扣缴税额（50aⅤ 5 EStG），上述责任债务皆有补充性之适用[⑦]。惟责任债务人违犯逃漏税捐罪（Steuerhinterziehung）或税捐赃物

---

①　学者陈敏氏另称其为"继受性"。黄茂荣：《税法总论》（第1册），台湾植根法学丛书编辑室2002年版，第310页；陈清秀：《税法总论》，台湾翰芦图书出版有限公司2001年版，第345页；陈敏：《扣缴薪资所得税之法律关系》，载《政大法学评论》第51期，1994年6月，第65页；〔德〕Birk, Steuerrecht Ⅰ, München 1994, 2. Aufl., S.142.

②　〔德〕Tipke/Kruse, a.a.O., Vor § 69 Rn 17.

③　〔德〕Birk, Steuerrecht Ⅰ, a.a.O., S.142.

④　杜怡静、黄立主编：《民法债编各论》（下），台湾元照出版有限公司2002年7月版，第587页。

⑤　中文翻译参见《德国租税通则》，陈敏译，"财政部"财税人员训练所1985年版，第241页。

⑥　陈清秀：同前注①，第346页；陈敏：同前注①，第66页。

⑦　〔德〕Tipke/Kruse, a.a.O., Vor § 69 Rn 19.

罪(Steuerhelerei)者,例外地不适用本条规定。

第三目 小结

综上所言,德国法上之责任债务之构成要件发生,以税捐债务的构成要件与责任要件两者均该当为前提,且须至纳税义务人动产强制执行无效或可认定其强制执行将无结果时,始得向责任债务人请求。值得注意者为,凡该当于责任构成要件者,税捐稽征机关非即对责任债务人请求。税捐稽征机关为责任裁决程序时,得分为两个阶段:首先,审查是否具备成立该构成要件;其次,为合义务之裁量决定是否对该责任人请求履行①。

第三款 责任债务的范围

依据德国《所得税法》规定,依违反之扣缴税捐形式不同,而有不同之责任规定。以薪资税为例,同法第42条之4第1项,雇主对为受雇人计算,而应扣留与应缴纳之薪资税负责任②,此乃"合宪"之规定③。有疑义者为,基于责任从属性原理,于所得税税捐债务发生后,责任是否应从属于所得税税捐请求权,抑或薪资税税捐请求权?少数说认为雇主所负担之责任,为担保年终税捐债务之数额,否则即有合宪疑义,因而责任范围应取决于受雇人年终结算申报后,所应适用之最终税率所计算之税额④。德国通说认为应以薪资税税捐请求权为准⑤,盖如以所得税税捐请求权为准,将产生各式各样问题,且导致所谓"影子课征"(Schattenveranlagung)⑥。再者,就薪资税扣缴而言,透过雇主之参与是为减轻所得税征收之负担,倘以所得税税捐请求权为准,雇主得提出属于受雇人对于国家的个人抗辩(persönliche Einwendungen),而与减轻所得税征收之负担之目的相矛盾⑦。从而,雇主之责任范围依受雇人所积欠之薪资税额为限⑧。

---

① 中文翻译参见《德国租税通则》,陈敏译,"财政部"财税人员训练所1985年版,第86页。
② 见本节第四项。
③ 〔德〕Schmidt, a.a.O., S.2085.
④ 〔德〕Schmidt, a.a.O., S.2086.
⑤ 〔德〕Blümich/Heuermann, Einkommensteuergesetz, Körperschaftsteuergesetz, Gewerbesteuergesetz, 15. Aufl., München 1997, §42d Tz. 37.转引自〔德〕Nacke, a.a.O. S.62.
⑥ 或译为"稻草人课征",其意为对于不存在之物课征。Vgl.〔德〕Nacke, a.a.O. S.62.
⑦ 〔德〕Blümich/Heuermann, §42d Tz. 37.转引自〔德〕Nacke, a.a.O. S.62.
⑧ 〔德〕Nacke, a.a.O. S.62.

第三项　补缴责任应有"责任的从属性"之适用

第一款　台湾地区学者见解

学者陈敏氏认为责任债务之成立,以原税捐债务人之税捐债务已成立为前提,如无纳税义务人受领薪资给付之事实,因而成立薪资所得税之纳税义务,扣缴义务人即无扣缴之义务,亦不致有因未为扣缴或短扣缴而须补缴之情形。倘纳税义务人薪资所得税已消灭或罹于消灭时效而消灭者,纵然扣缴义务人原有补缴义务,亦不得责令补缴。此即责任债务之"继受性"[①]。

学者陈清秀氏亦认为责任的请求权的发生,乃以税捐债务的构成要件以及责任的构成要件两者均实现为前提(至少是同时发生),此即"责任的从属性"。由于税捐债务人与责任债务人立于税法上连带债务关系,因为基于责任债务人之连带债务人性格,税捐债务人因清偿、抵销、罹于消灭时效或因债务免除等事由而消灭时,责任债务亦归于消灭。例如,扣缴义务人未依法扣缴税款,原应负补缴责任,惟如纳税义务人已将是项应扣缴税款之所得报缴所得税者,则其补缴责任即归于消灭[②]。

第二款　以民法保证债务观点

《民法》第739条:"称保证者,谓当事人约定,一方于他方之债务人不履行债务时,由其代负履行责任之契约。"保证债务之旨乃担保主债务人履行主债务,且惟有主债务存在时,保证债务方有存在之意义[③]。倘主债务人不履行主债务,方由保证债务人代主债务人履行债务;反之,主债务人依债务之本旨,履行主债务,则保证债务即无由发生,此为保证债务之"成立上之从属性"[④]。

补缴责任亦为第三人(即扣缴义务人)担保纳税义务人与国家间所得税税捐债务之履行,正如同保证债务,亦担保主债务之履行,是故,补缴责任与保证债务,两者性质相当。倘主债务(即纳税义务人与国家间所得税税捐债务)未发生,则补缴责任之从债务,亦无由发生。关于保证债务之从属性法

---

① 陈敏:《扣缴薪资所得税之法律关系》,载《政大法学评论》第51期,第65页。
② 陈清秀:《税法总论》,台湾翰芦图书出版有限公司2001年版,第345—346页。
③ 杜怡静、黄立主编:《民法债编各论》(下),台湾元照出版有限公司2002年7月版,第583页。
④ "最高法院"1994年台上第2143号判决:"按称保证者,谓当事人约定,一方于他方之债务人不履行债务时,由其代负履行责任之契约,为《民法》第739条所明定。故保证债务乃从债务,以主债务之存在为前提。如主债务尚未发生,则保证债务即无由独立存在。"

理,于补缴责任,基于平等原则之考量,当有类推适用之可能性。

第三款 以比例原则与平等原则观察

补缴责任之目的为担保纳税义务人对于国家所得税税捐债务之履行,不问补缴之构成要件是否应从属于税捐债务之发生,皆有助于达成上揭目的。惟就必要性原则之审酌,独立性原则与从属性原则两者相较,前者侵害扣缴义务人之权益较大,显非最小侵害手段。是故,应认补缴责任应从属于纳税义务人之所得税税捐债务,方符合必要性原则之旨。又,扣缴义务人随其营业规模愈行扩张,雇用人员与给付应扣缴所得之次数与金额必定增高与增多,将导致补缴责任之责任范围数额无限扩大,且无金额上限。倘责任债务之构成要件未能趋于严格,则所造成扣缴义务人之侵害,无限制地趋于扩大,与欲达成之扣缴目的利益,将显失均衡,不具有合理且适度的关系。况且,补缴责任不以从属性原则为必要,将导致国家不问纳税义务人是否已自行申报缴纳该项所得之所得税,得径行向扣缴义务人追讨,则国家将双重得利,亦有违反过量禁止原则(Übermaβverbot)①。

从平等原则观察,扣缴义务为一无偿之公法上义务,倘扣缴义务所负担之人补缴责任要件过于宽松,对于扣缴义务人课予之义务即逾越社会通念所可忍受之范畴,而构成特别牺牲。再者,补缴责任要件倘非从属于税捐债务,则扣缴义务人补缴后,纳税义务人之所得税税捐债务即于补缴之范围内消灭,纳税义务人即坐享其清偿利益。甚者,于次年度所得税结算申报后,纳税义务人亦可坐享抵缴与退税之利益,其所造成之差别待遇可能性大增,此亦非得通过平等原则之"合宪"性检验。

第四款 小结

补缴责任应从属于税捐债务发生而发生,此为从属性原则之展现。"财政部"1976年台财税第36317号函亦采同见解:"扣缴义务人给付各类所得,不依法扣缴税款,如经稽征机关查明纳税义务人确已将是项应扣缴税款之所得,合并其取得年度之综合所得申报缴税者,得免再责令扣缴义务人补缴,惟仍应依法送罚。"虽"财政部"亦采此见解,然于税捐稽征实务上,税捐稽征机关,于令扣缴义务人补缴应扣未扣或短扣税款,无强制应先查明:纳税义务人是否亦给付该项所得之所得税税款。于进入行政救济中②,

---

① 〔德〕Pieroth/Schlink, Grundrechte Staatsrecht Ⅱ, Heidelberg 2001, 17. Aufl., S.65.
② 另参陈清秀:《税法总论》(第1册),台湾植根法学丛书编辑室2002年版,第346;陈敏:《扣缴薪资所得税之法律关系》,载《政大法学评论》第51期,1994年6月,第65页。

被告机关亦甚少举证说明纳税义务人是否业已给付该项所得之所得税,行政法院对此亦几乎不闻不问,是故,此一从属性原则,仍有立法明文定之之必要性。至于补充性原则,学者陈敏氏认为,因《所得税法》第 94 条规定,"不足之数由扣缴义务人补缴,但扣缴义务人得向纳税义务人追偿之"。明示应无条件先由扣缴义务人补缴,再向纳税义务人追偿,而无补充性原则之适用①。

综上所言,国家对于纳税义务人之税捐债务已届清偿期且无时效消灭事由时,方须虑及扣缴义务人之责任要件。反之,纳税义务人于清偿应纳税额,或税捐债务已罹于时效而消灭时,补缴责任亦同时消灭。②

第五节 补缴责任之主观构成要件
—— 应否以故意或重大过失为限?

第一项 问题概说

按民法上给付不能、给付迟延或不完全给付等债务不履行责任的成立,均须以"可归责于债务人事由"为要件。换言之,须以债务人有故意或过失为要件。又,关于过失责任之认定,依过失程度不同,区分为重大过失、具体轻过失、抽象轻过失三种标准③。依《民法》第 220 条规定:"债务人就其故意或过失之行为,应负责任。过失责任,依事件之特性而有轻重,如其事件非予债务人以利益者,应从轻酌定。"当事人如无约定、或法律无特别明定时,即依《民法》第 220 条,如为无偿契约须负具体轻过失责任;如为有偿契约则须负抽象轻过失责任。《民法》第 535 条与《民法》第 590 条,即以受任人或寄托人有无受有报酬为准,定其过失责任,即为一明例。

按补缴责任乃系担保应扣留与缴纳税款之实现,毋宁具有损害赔偿之特征,然而是否应如同民法上损害赔偿责任债务般,应以故意或过失为件。进一步言之,扣缴义务原属国家之事务,应由公务员为之,且不具有对价性,系一无偿之义务,则补缴责任之责任要件是否应进一步限缩,而以扣缴义务人有故意或重大过失为要件?以下即自德国法立法例出发,进而探寻于补缴责任主观责任要件之"宪法"界限。

---

① 陈敏:《扣缴薪资所得税之法律关系》,载《政大法学评论》第 51 期,1994 年 6 月,第 66 页。
② 〔德〕Birk, a.a.O., S.142.
③ 王泽鉴:《法律思维与民法实例》,台湾三民书局 2000 年版,第 113 页。

第二项　德国法之分析

德国法上关于责任债务之规定，依税捐扣缴之税目不同，而有不同之规定，兹依扣缴之税捐客体不同，分述如下：

第一款　薪资税

责任债务乃依法确保薪资税之扣缴以及维护国家对于受雇人之税捐债权。从而，依德国《所得税法》第42条之4第1项与第2项规定："雇主就下列各款所定负责：1. 雇主应扣留与应缴纳之薪资税税额；2. 雇主于薪资税年底调整时因过失退还之薪资税税额；3. 依据薪资账目、薪资税证明书或薪资税明细账之错误记载而发生不足之所得税额（薪资税额）。"明文揭示雇主所应担保之责任债务以及责任范围。且依《税捐通则》(AO)第191条第1项第1款第5目从属于税捐债务，因而具备从属性①。惟同条第2项规定定有雇主免责条款：雇主于受雇人未依法变更薪资税卡上关于家庭状况、子女人数、扣除额等，因受雇人依法未履行其义务，致税捐稽征机关向受雇人补征(Nachforderung)短漏薪资税额时，雇主即不负本条第1项之责任。

然应予注意者为，此一责任债务，所得税法明文规定，于雇主责任范围内，雇主与受雇人同为连带债务人（§42d Ⅲ EStG），连带负担此责任债务。此际，管辖税捐稽征机关得依合义务性裁量向各连带债务人请求负担税捐债务或责任债务。（§42d Ⅲ EStG）。

就税捐稽征机关对受雇人请求而言，管辖税捐稽征机关仅得于下列各款情形下，于连带债务范围内向受雇人请求：1. 雇主未依法自工作薪资中扣留税款者；2. 受雇人知悉雇主未依法申报所扣留之薪资税者，但受雇人已立即向税捐稽征机关申报者；不适用之②。(EStG §42d Ⅲ)

就税捐稽征机关向雇主请求作成责任裁决而言，须受雇人于被课征所得税后，管辖税捐稽征机关亦得向雇主请求责任债务(EStG §42d Ⅲ)。至于如何合义务裁量，决定是否向雇主请求之因素主要有二：1. 是否雇主仅扣留而未缴纳薪资税；2. 雇主将应缴薪资税直接支付予受雇人③。于第一种情况，当雇主仅扣留而未缴纳薪资税时，且受雇人未曾知悉此事，受雇人

---

① 〔德〕Kirchhof, EStG KompaktKommentar Einkommensteuergesetz, 2. Aufl. 2002, S.1791.
② 另德国《所得税法》第42条之四第六项与七项分别规定要派人与派遣人负担如同雇主般之责任，惟因台湾地区尚乏相关规定，兹不赘述。
③ 〔德〕Nacke, a.a.O., S.286.

无须补缴薪资税,此际,税捐稽征机关仅得向雇主请求;就第二种情况,当雇主将应缴薪资税直接支付予受雇人,应须考量雇主有故意或重大过失。盖税捐稽征人员从事税捐征收时,仅就故意或重大过失负责(§32 AO),雇主应负与税捐稽征人员相同之注意义务,否则雇主即受不平等对待。并且应将构成要件事实错误与可原谅(entschuldbar)的法律错误,作为雇主责任免除(Verschuldensfreistellungen)事由①。

应予说明者为,本条责任债务,依通说见解认为以无过失(kein Verschulden)为要件②。惟因税捐稽征机关于裁量决定是否向雇主请求时,应斟酌责任债务人有无过失③。倘雇主未为扣缴乃基于可原谅的禁止错误,雇主即无需负责任债务。④例如:倘雇主基于可原谅之法律错误(Rechtsirrtums),雇主不应被请求责任债务⑤。换言之,德国法上,咸认为此一责任债务以无过失为前提,惟于作成责任裁决时,仍须斟酌雇主有无故意或过失,论述上似有矛盾,而未能自圆其说。

第二款 资本收益税

就资本收益之债务人,未依法扣缴资本收益税时,依同法第44条第5项第1段规定:"资本收益之债务人或居于支付资本收益地位者须负扣留并缴纳资本收益税责任,除其证明其未基于故意或重大过失违反其所应负担义务"⑥。

本条最初亦如同薪资税责任债务规定般,无明文规定是否以过失为必要⑦,通说意见皆认是否有法律错误之情形,应于裁量行使中进行审查。然自1993年起,本条修正为:须以故意或重大过失为要件,惟须由资本收益之债务人举证证明,其非出于故意或重大过失违反义务⑧,倘未能证明之,税捐稽征关得证明客观上有扣缴义务违反,资本收益之债务人即须负担责任债

---

① 〔德〕Nacke, a.a.O., S.287.
② 〔德〕Schmidt, a.a.O., S.2087;〔德〕Kirchhof, a.a.O., S.1791;〔德〕Nacke, a.a.O., S.69.
③ 〔德〕Schmidt, a.a.O., S.2087;〔德〕Kirchhof, a.a.O., S.1793.
④ BFH BStBl Ⅱ 68, 697. 转引自〔德〕Kirchhof, a.a.O., S.1793.
⑤ 〔德〕Kirchhof, a.a.O., S.1793.
⑥ 另外第六项第五段规定资本收益债务人就资本收益分摊予隐藏利益分派(verdeckte Gewinnausschüttungen)与依《转换税捐法》(Umwandlungssteuregesetzes)第21条第3项之转让(Veräußerungen)负责。
⑦ 〔德〕Lindberg, Die Besteuerung der Kapitaleinkünfte, München 1996, S.188.
⑧ 〔德〕Kirchhof, a.a.O., S.1832.

务①。

另该责任债务虽未明文规定,与资本收益债权人皆为责任债务之连带债务人,然同法第 44 条第 5 项第 2 段亦规定:"……资本收益债权人有下列情形者得被请求之:1. 资本收益之债务人或支付资本收益清偿地位者未依规定因而短收资本收益税额;2. 债权人知悉债务人或支付资本收益清偿地位者未依规定缴纳且迟延通知税务机关;3. 支付资本收益之国内金融机构或财政给付机构支付资本收益时,因错误而未扣缴资本收益税额。"

第三款 对限制纳税义务人之扣缴

关于对限制纳税义务人之扣缴,给付报酬之债务人倘有依法未为扣缴时,依《所得税法》第 50 条之 1 第 5 项第 4 段至第 6 段规定:"董事报酬与本条第 4 项所定报酬之债务人就应扣留与缴纳之税捐负责。税捐债务人仅于下列情形为限,应接受税捐稽征机关请求:1. 董事报酬或第 4 项所定报酬之债务人未依法扣缴而短漏者;2. 限制纳税义务人知悉债务人未依法缴纳所扣留税款且未立即通知税捐稽征机关者。"换言之,给付报酬之债务人未依法扣缴,虽应就扣留与缴纳之税捐负责,然并未表示即受税捐稽征机关请求,如限制纳税义务人有上述两种情形发生,仍须接受税捐稽征机关补征(Nachforderung)之请求。

另外,本条第 6 项规定,关于使用著作权(Recht auf Nutzung von Urheberrechten)或对于使用权(Nutzung)之报酬,倘非直接向债务人给付而是向代理人(Beauftragte)给付时,改由"代理人"扣留或缴纳上揭税捐,由代理人负扣缴义务。

至于具体个案中,对于给付报酬之债务人之责任债务应如何请求,法无明文。因限制纳税义务于国境外为国家课税权所不及之处,税捐稽征机关无如同薪资税与资本收益税般享有裁量空间,决定是否对于责任债务人请求②。除此之外,学说上普遍认为,应类推适用关于薪资税与资本收益税之原理原则③。职是,扣缴义务人违反扣缴义务所负担之责任债务,是否如同薪资税般,以无过失为原则,抑或如同资本收益税般,采推定故意或重大过失主义? 应从德国法院判决实务着手,方能进一步了解。

第四款 小结

关于德国法上扣缴义务人应就扣留与缴纳之税捐负担责任债务,扣缴

---

① 〔德〕Lindberg, a.a.O., S.188.
② 〔德〕Nacke, a.a.O, S.291.
③ 〔德〕Schmidt, a.a.O., S.2196;〔德〕Kirchhof, a.a.O, S.1926.

义务人一旦未依法扣缴税款，纵该当于税捐债务与责任债务之构成要件致责任债务发生，并不当然即应履行责任债务。应视税捐稽征机关作成合义务之裁量，决定是否对该责任人请求履行①。

综合上述，吾人亦可得知，扣缴义务人与纳税义务人（即薪资税之受雇人、资本收益之债权人与限制纳税义务人）同为连带债务人，连带负担责任债务。扣缴义务人未依法扣留与缴纳税捐，纳税义务人亦非当然免其税捐债务，如有纳税义务人知悉扣缴义务人未依法扣缴，且迟延向税捐稽征机关申报等情事时，税捐稽征机关亦得向纳税义务人径行补征。与《所得税法》第89条第2项——扣缴义务人未履行扣缴责任，而有行踪不明或其他情事，致无从追究者，稽征机关得径向纳税义务人征收之——规定的体例上显然不同。

再者，就薪资税之责任债务，通说主张应以无过失为其责任为要件，然仍要求税捐稽征机关于作成责任裁决前，而为合义务裁量时，应考虑雇主有无故意或重大过失。至于资本收益税之责任债务，新法明文规定由资本收益之债务人举证证明其无故意或重大过失未履行扣留与缴纳之义务。上述两者，于实务之运作之差异仅于资本收益之债务人须负举证责任。然吾人仍可得知，对于扣缴义务人之责任裁决之是否作成，扣缴义务人是否具有故意或重大过失居于决定性的地位。反之，扣缴义务人不具有故意或重大过失时，以民法之用语而言，仅有具体或抽象轻过失时，不应向扣缴义务人请求责任债务。

第三项　本书见解——应以故意或重大过失为限

第一款　以比例原则审查

按国家课予人民处罚或责任须符合比例原则，倘补缴责任不以故意或过失为必要，即责任之课予不问扣缴义务人之期待可能性，一律课予人民责任，虽得达成督促扣缴义务人履行扣留与缴纳义务，然显非最小侵害手段，而有违必要性原则。且国家不问侵害扣缴义务人之财产权，一味地维护确保国家税收，采取之手段与达成之目的，亦显失均衡。此观德国法上，扣缴义务人违反扣缴薪资税义务，虽然，通说认为以无过失为责任要件，然仍要求税捐稽征机关于作成责任裁决时，仍须考虑雇主有无故意或过失。又，德国于所得税法修正中，旧法中原规定违反资本收益税扣缴义务时，以无过失

---

① 《德国租税通则》，陈敏译，"财政部"财税人员训练所1985年版，第86页。

为要件者,明文规定须以资本收益之债务人有故意或重大过失为要件。基此,吾人可得知:补缴责任亦须以扣缴义务人有故意或过失为要件。

然进一步值得吾人深论者为:扣缴义务人之过失标准为何？其应负何种程度之注意义务？从扣缴义务系无偿且不具对价性观点,不应赋予扣缴义务人过高之注意义务[①]。再者,扣缴义务人非如同企业经营者为自己利益从事活动而致生一定危险,因而负有义务控制风险。此仍因为追求公共利益之立法目的,另课予特别之法律义务。本书认为税捐之征收原属国家任务,扣缴义务乃国家为确保税收来源,减轻稽征成本,课予给付所得者,扣取并缴纳一定比例之数额,应适用严格审查标准,其要件应更为严格谨慎,始具有合理正当性[②]。是故,应认扣缴义务人仅就故意或重大过失负责,方足予衡平其所负之补缴责任。

第二款　以平等原则审查

台湾地区法上对于公务员执行公权力时,因故意或过失不法侵害人民自由与权利者,国家对于该人民须负损害赔偿责任。然而国家对于该公务员之求偿,依《国家赔偿法》第2条第3项规定:"前项情形,公务员有故意或重大过失时,赔偿义务机关对之有求偿权。"易言之,仅公务员有故意或重大过失时,国家方有请求权。纵国家委托人民行使公权力,而故意或过失不法侵害人民自由与权利时,国家对于受托行使公权力之私人,依同法第4条第2项规定,对于执行职务之人有故意或重大过失时,赔偿义务机关对于受委托之团体或个人有求偿权。

扣缴义务人受有扣缴义务,乃基于法律规定,系属公法上法定义务,纵使其法律地位,非行政委托人与行政助手,然不可否认地为,扣缴义务乃税捐征收之形式之一,具有如同税务人员从事税捐征收事务相同之性格,基于"相同事物,相同处理"之平等原则考量,应认扣缴义务人违反扣缴义务时,所负担之补缴责任,主观责任上应与公务员之注意义务相当,易言之,应以故意或重大过失为要件。否则,扣缴义务人与税捐稽征机关所属公务员两者相较,精于税法之公务员仅就故意或重大过失负责;同为处理税捐征收者,且多为法律门外汉之扣缴义务人,竟须负担无过失责任,所负之责任竟有天壤之别,迥不相同。立法体系价值判断轻重显然失衡,恣意地违反平等

---

① 葛克昌亦认为:"扣缴义务人为行政助手,且为法定无偿助手,其责任自不应高过公务员。"葛克昌:《综合所得税与宪法》,载《所得税与宪法》,台湾翰芦图书出版有限公司2003年版,第82页。
② 同上注,第80页。

原则①。

第三款　小结

从扣缴义务系无偿且不具对价性观点,应适用严格审查标准,其要件应更为严格谨慎,不应赋予扣缴义务人过高之注意义务,应认扣缴义务人仅就故意或重大过失负补缴责任。且自平等原则观之,实无要求扣缴义务人所负之主观责任要件,须较公务员负更高之注意义务之正当理由存在。准此,立法机关亦应尽速立法增订补缴责任须以故意或重大过失为必要。现行税捐稽征实务,仅问客观上扣缴义务人有无应扣未扣或短扣税额,不问扣缴义务人之故意或过失之行政惯例,应予检讨修正。于立法增订修正前,税捐稽征机关为补缴处分时,仍须斟酌扣缴义务人有无注意所得应予扣缴之期待可能性,否则,补缴处分有违比例原则中必要性与衡平性原则。(《行政程序法》第7条第2款与同条第3款参照)

第六节　本章结论

税法上责任债务乃第三人担保他人税捐债务之实现,《所得税法》第94条所定之补缴责任即为典型之责任债务。其非赔偿国家因未为扣缴所受之损害,故不宜以"赔缴"一词称呼之。基于符合宪法上之比例原则与平等原则之考量,补缴责任于宪法上之界限内,其补缴责任之发生须从属于纳税义务人之税捐债务,自德国立法例观察,亦可获致相同结论。

至于补缴之主观构成要件亦须以故意或重大过失为必要,否则,扣缴义务人与税捐稽征机关所属公务员两者相较,公务员仅就故意或重大过失负责,然而,扣缴义务人竟负无过失之补缴责任,价值判断失衡,立法者显有恣意,违反平等原则,亦逾越补缴责任于宪法上之界限,过度课予扣缴义务人过重且不具期待可能性之义务。税捐稽征机关为补缴之处分前,应依职权调查纳税义务人是否就该项所得业已缴纳所得税以及扣缴义务人就应扣未扣或短扣税额有无故意或重大过失。倘否,补缴处分有违反《行政程序法》第7条所揭橥之比例原则。

---

①　〔德〕Nacke, a.a.O., 1999, S.287.

第四章 扣缴义务人处罚之实务问题研析

第一节 本章概说

扣缴义务人违反扣缴义务,除应补缴、补报或补发之外,依法仍应受处罚,实务上经常发生者为对于扣缴义务人处以罚锾之税捐秩序罚。因而,本章首先以大法官释字 327 号解释出发,探讨处罚之"合宪"性,续而,以现行法上对于扣缴义务人处罚为例,探讨处罚之"宪法"上之界限,使其不逾越比例原则与平等原则等"宪法"上规定或原理原则所揭橥之"宪法"上之界限。末而,由实务上就处罚扣缴义务人所引发之争议,研究违反扣缴义务之处罚,是否应采推定过失主义,或采故意或重大过失主义,方符《宪法》之旨。

第二节 违反扣缴义务之处罚

扣缴义务人违反扣缴义务,除应补缴、补报或补发之外,依所得税法规定仍有受处罚之可能,处罚之形态主要为税捐刑罚与税捐秩序罚,兹分述如下:

第一项 税捐刑罚

扣缴义务人得科处之税捐刑罚为:"扣缴义务人以诈术或其他不正当方法匿报、短报、短征或不为扣缴税捐者,处以五年以下有期徒刑拘役或科或并科台币六万元以下罚金。代征人或扣缴义务人侵占已代缴或已扣缴之税捐者,亦同"。(《税捐稽征法》第 42 条)

第二项 税捐秩序罚

依所得税法规定,依扣缴义务人违反扣缴义务之行为态样不同,而有不同之规定,主要得区分为四种类型:

1. 扣缴义务人未依《所得税法》第 88 规定扣缴税款者,按应扣未扣或短扣之税额处一倍之罚锾;其未于限期内补缴应扣未扣或短扣之税款,或不按实补报扣缴凭单者,应按应扣未扣或短扣之税额处 3 倍之罚锾。(《所得

税法》第 114 条第 1 款）

2. 扣缴义务人已依本法扣缴税款，而未依第 92 条规定之期限按实填报或填发扣缴凭单者，依《所得税法》第 114 条第 2 款，应按扣缴税额处 20% 之罚锾。但最高不得超过 22500 元，最低不得少于 1500 元；逾期自动申报或填发者，减半处罚。经稽征机关限期责令补报或填发扣缴凭单，扣缴义务人未依限按实补报或填发者，应按扣缴税额处 3 倍之罚锾。但最高不得超过 45000 元，最低不得少于 3000 元①。（所得税法第 114 条第 2 款）

3. 政府机关、团体、学校、事业之责应扣缴单位主管，违反第 89 条第 3 项之规定，未依限或未据实申报或未依限填发免扣缴凭单者，应通知其主管机关议处。私人团体或事业，违反第 89 条第 3 项之规定，未依限填报或未据实申报或未依限填发免扣缴凭单者，处该团体或事业 1500 元之罚锾，并通知限期补报或填发；逾期不补报或填发者，应按所给付之金额处该团体或事业 5% 之罚锾。但最低不得少于 3000 元。（《所得税法》第 111 条第 2 项）

4. 信托行为之受托人未依限或未据实申报或未依限填发第 92 条之 1 规定之相关文件或扣缴凭单或免扣缴凭单及相关凭单者，应处该受托人 7500 元之罚锾，并通知限期补报或填发；逾期不补报或填发者，应按该信托当年度之所得额，处受托人 5% 之罚锾。但最低不得少于 15000 元。（《所得税法》第 111 条之一第 3 项）

第三项　类型化分析

如前所述，吾人可概观所得税法上关于违反扣缴义务之制裁之规定。然除《税捐稽征法》第 42 条第 1 项、《所得税法》第 111 条与同法第 111 条之一第 3 项之处罚外，吾人亦可以未依法履行扣缴义务之可能行为态样为标准，将违反扣缴义务之处罚进一步为类型化之分析。扣缴义务人未依法履行扣留、缴纳、申报与填发等四项义务可能之行为态样，共有十五种类型之组合，兹列表并分述如下：

---

① 信托行为之受托人则另依《所得税法》第 111 条之一规定处罚之。扣缴义务人未依限或未据实申报或未依限填发免扣缴凭单者，另依《所得税法》第 111 条第 2 项："政府机关、团体、学校、事业之责应扣缴单位主管，违反第 89 条第 3 项之规定，未依限或未据实申报或未依限填发免扣缴凭单者，应通知其主管机关议处。私人团体或事业，违反第 89 条第 3 项之规定，未依限填报或未据实申报或未依限填发免扣缴凭单者，处该团体或事业 1500 元之罚锾，并通知限期补报或填发；逾期不补报或填发者，应按所给付之金额处该团体或事业 5% 之罚锾。但最低不得少于 3000 元。"

第四章 扣缴义务人处罚之实务问题研析

扣缴义务不履行之行为类型分析表

	扣留义务	缴纳义务	申报义务	填发义务	处罚依据
A					§114①
B	◎				税§42Ⅱ
C		◎			X
D			◎		§114①
E				◎	§114①
F	◎	◎			§114②
G	◎		◎		税§42Ⅱ
H	◎			◎	税§42Ⅱ
I		◎	◎		X
J		◎		◎	X
K			◎	◎	§114Ⅰ
L	◎	◎	◎		§114②
M	◎	◎		◎	§114②
N	◎		◎	◎	税§42Ⅱ
O		◎	◎	◎	X

* 编按：符号"◎"表已履行之义务

** 作者自制

1. 类型 A：扣留、缴纳、申报与填发义务皆未依法履行者

扣缴义务人未履行上揭四项义务，应依《所得税法》第114条第1款处罚，此际，不另行依同条第2款处罚。

2. 类型 B：仅履行扣留义务，其余义务皆未依法履行者

仅履行扣留义务，其余义务皆未依法履行者，依实务之见解①，不得依《所得税法》第114条第1款处罚，应查明扣缴义务人有无侵占已扣取税款情事，而依《税捐稽征法》第42条第2项规定处罚。又，同条第2款亦以"……已依本法扣缴税款"为处罚未履行申报或填发义务之构成要件，然既未履行缴纳义务，即不该当已依本法"扣缴"税款之要件，准此，依法文，倘扣

---

① "财政部"1985年台财税第24073号函说明三："扣缴义务人于给付各种所得时，如已扣取税款而未依规定期限向公库缴纳税款者，尚非《所得税法》第114条第1款所称'应扣未扣'或'短扣'税款之情形，免依该法条规定处罚；应查明有无侵占已扣取税款情事，依《税捐稽征法》第42条第2项规定办理。至其在未经检举及未经稽征机关进行调查前自动缴纳，系属迟延缴纳，应无《税捐稽征法》第48条之1规定之适用，仍应依《所得税法》第114条第3款规定加征滞纳金。"

缴义务人仅履行缴纳义务,其余义务皆未依法履行者,亦不得依同条第2款处罚。此似为法律漏洞,应待立法者立法修订之。

  3. 类型 C:仅履行缴纳义务,其余义务皆未依法履行者

  因《所得税法》第 114 条第 1 款之未依法"扣缴"税款,须未依法扣留与缴纳义务,方该当此款构成要件,故不得依此款处罚之;又,同条第 2 款亦以"……已依本法扣缴税款"为处罚未履行申报或填发义务之构成要件,然既未履行扣留义务,即不该当已依本法"扣缴"税款之要件,基此,同类型 B,亦不得依同条第 2 款处罚。

  4. 类型 D、E:仅履行申报或填发义务,其余义务皆未依法履行者

  与类型 A 之处罚相同,不另赘述。

  5. 类型 F:仅履行扣留与缴纳义务,而未依法履行申报与填发义务者

  该当于《所得税法》第 114 条第 2 款之构成要件规定,应依该款处罚。

  6. 类型 G、H:仅履行扣留,以及申报或填发义务,其余两项义务皆未依法履行者

  应查明扣缴义务人有无侵占已扣取税款情事,而依《税捐稽征法》第 42 条第 2 项规定处罚。然不得依《所得税法》第 114 条第 1 款或第 2 款处罚,理由同类型 B。

  7. 类型 I、J:仅履行缴纳义务以及申报或填发义务,其余两项义务皆未依法履行者

  凡仅履行缴纳义务以及申报或填发义务者,不应处罚,理由同类型 C。

  8. 类型 K:仅履行申报与填发义务,而未依法履行扣留与缴纳义务者

  应依《所得税法》第 114 条第 1 款处罚之。

  9. 类型 L、M:仅未依法履行申报或缴纳义务,其余义务皆履行者

  应依《所得税法》第 114 条第 2 款处罚之。

  10. 类型 N:仅未依法履行缴纳义务,其余义务皆履行者

  应查明扣缴义务人有无侵占已扣取税款情事,而依《税捐稽征法》第 42 条第 2 项规定处罚。

  11. 类型 O:仅未依法履行扣留义务,其余义务皆履行者

  凡仅未依法履行扣留义务者,不应予以处罚,理由同类型 C。

  综上所述,吾人可得知现行法上对于扣缴义务人未依法履行扣缴、缴纳、申报与填发等四项义务中之乙项义务,大致上皆设有处罚规定,然值得注意者为,凡扣缴义务人已依法向税捐稽征机关缴纳等值之应扣税额后,易言之,即依法履行缴纳义务,纵未依法完全履行其余三项义务之一部或全

部,因现行法似未设有明文之处罚规定,基于法律保留原则,不得处罚扣缴义务人。此似为法律漏洞,应待立法者立法修订之。

第三节 处罚之"宪法"上界限
——释字第 327 号解释

第一项 释字第 327 号解释之背景

声请人任职于台湾国际商业机器股份有限公司(以下简称 IBM 公司)于 1989 年 12 月 29 日支付台湾地区境外之营利事业权利金所得两笔,共计新台币(下同)一亿零四百七十一万五千元,已依法扣缴税款二千零九十四万三千元,并于 10 日内(即 1990 年 1 月 8 日)依《所得税法》第 92 条规定,向国库缴纳所扣税款,缴款时,并附有扣缴税额缴款书申报联乙联。嗣 IBM 公司于 1990 年 3 月 12 日自动向"财政部"台北市国税局申报扣缴凭单,台北市国税局以声请人逾期申报扣缴凭单为由,移送台湾台北地方法院裁罚,经该院 1990 年 12 月 7 日,1990 年财所字第 3778 号裁定,以违反《所得税法》第 114 条第 2 款规定(逾期自动申报),处以 10% 罚锾,计 2094300 元。声请人不服提出抗告,台湾高等法院持相同理由以 1991 年财抗字第 104 号刑事裁定驳回抗告在案,声请人犹表不服,向"司法院"大法官声请"释宪"。

第二项 声请"释宪"之理由与大法官解释之见解

第一款 声请人声请释宪之理由

声请人主要以《所得税法》第 92 条第 2 项关于开具扣缴凭单之规定,系训示且就境外营利事业并无申报扣缴凭单规定之必要,竟执此处以罚锾,系属"违宪",兹分述如下:

(一)纳税义务人为境外营利事业时,扣缴义务人依限扣取税款并缴纳国库,已达税捐机关控制税收之目的。又扣缴义务人于缴纳时填具之扣缴税额缴款书,其中乙联由国库转交税捐秽关收执,已达税捐机关查核税源之目的。于此情形,再要求填具扣缴凭单,对税收之收取及查核已无助益,与"宪法"第 23 条有违。从而《所得税法》第 92 条第 2 项"并开具扣缴凭单,向该管稽征机关申报核验"①,应为训示规定,而非强制规定。扣缴义务人违反该规定应无同法第 114 条第 2 款之适用。

(二)因前述境外营利事业并无限期内结算申报之必要,其应纳营利事业所得税款业经扣取并缴纳国库,在台湾地区境内之纳税义务已履行。稽征机关若欲查核该等扣缴资料,可径依前开扣缴税额缴款书所载资料调阅扣缴义务人之账册,实无强制扣缴义务人于 10 日内申报扣缴凭单之必要;且纵然逾期申报扣缴凭单,对公共利益亦无任何侵害。《所得税法》第 114 条第 2 款之处罚,未排除同法第 92 条第 2 项之情形,显有违"宪法"第 23 条及第 15 条之规定。

(三)声请人之所为对税捐稽征机关之课征税收及查核税源均无妨害,自无援引《所得税法》第 114 条第 2 款加以处罚之必要。本件第一、二审裁决,未能审酌"宪法"第 23 条之"必要性"规定,径引《所得税法》第 114 条第 2 款之规定剥夺声请人之财产权,自属违宪。

第二款 大法官解释之见解

1993 年 10 月 8 日"司法院"大法官作成释字 327 号解释,其解释文全文如下:"《所得税法》第 114 条第 2 款前段:'扣缴义务人已依本法扣缴税款,而未依第 92 条规定之期限按实填报或填发扣缴凭单者,除限期责令补报或填发外,应按扣缴税额处 20% 之罚锾,但最低不得少于 1500 元;逾期自动申报或填发者,减半处罚',旨在掌握税源资料,维护租税公平,就违反此项法律上作为义务应予制裁部分,为增进公共利益所必要,与'宪法'尚无抵触。惟对于扣缴义务人已将所扣税款依限向国库缴清,仅逾期申报或填发扣缴凭单者,仍依应扣缴税额固定之比例处以罚锾,又无合理最高额之限制,应由有关机关检讨修正。"其解释理由为:"1989 年 12 月 30 日修正公布之《所得税法》第 114 条第 2 款前段:'扣缴义务人已依本法扣缴税款,而未依第 92 条规定之期限按实填报或填发扣缴凭单者,除限期责令补报或填发外,应按扣缴税额处 20% 之罚锾,但最低不得少于

---

① 1984 年 12 月 30 日公布《所得税法》第 92 条:"第 88 条各类所得税款之扣缴义务人,应于每月 10 日前将上 1 月内所扣税款向国库缴清,并于每年 1 月底前将上 1 年内扣缴各纳税义务人之税款数额,开具扣缴凭单,汇报该管稽征机关查核;并应于 2 月 10 日前将扣缴凭单填发纳税义务人。但营利事业有解散、废止、合并或转让,或机关、团体裁撤、变更时,扣缴义务人应随时就已扣缴税款数额,填发扣缴凭单,并于 10 日内向该管稽征机关办理申报。非'中华民国'境内居住之个人,或在'中华民国'境内无固定营业场所之营利事业,有第 88 条规定各类所得时,扣缴义务人应于代扣税款之日起 10 日内,将所扣税款向国库缴清,并开具扣缴凭单,向该管稽征机关申报核验。"

第四章　扣缴义务人处罚之实务问题研析

1500元；逾期自动申报或填发者，减半处罚'，乃对扣缴义务人未于法定期限填报或填发之制裁规定。其就违反义务者，课以一定之制裁，系为贯彻扣缴制度，督促扣缴义务人善尽其应尽之作为义务，俾稽征机关得以掌握税源资料，达成维护租税公平并确保国库收入之必要手段，并非徒然增加扣缴义务人之负担，就违反此项法律上作为义务应予制裁部分而言，为增进公共利益所必要，与'宪法'尚无抵触。惟对于扣缴义务人已将所扣缴税款依限向国库缴清，仅逾期申报或填发扣缴凭单者，仍依应扣缴税额固定之比例处以罚锾，又无合理最高额之限制，有导致处罚过重之情形，应由有关机关检讨修正。"大法官杨建华[①]、杨日然与张特生[②]、及郑健才另作

[①] 大法官杨建华以解释理由未以必要性原则加以审酌，提出不同意见："按依'宪法'应受保障之自由权利，依同法第23条之意旨，为防止妨碍他人自由、避免紧急危难、维持社会秩序或增进公共利益所必要者，固得以法律限制之。惟其限制应不得逾越'必要'程度，此即与所谓'比例原则'有关。在'比例原则'下，国家为达一定目的，不得不限制人民自由权利时，如有多种方法，能达相同之目的者，应选择损害人民权益最少之方法行之，否则，即逾越必要之范围，而与首开'宪法'意旨有违。《所得税法》第114条第2款规定：'扣缴义务人已依本法扣缴税款，而未依第92条规定之期限按实填报或填签扣缴凭单者，除限期责令补报或填发外，应按扣缴税额处20%之罚锾。但最低不得少于1500元；逾期自动申报或填发者，减半处罚。经稽征机关限期责令补报或填发扣缴凭单，扣缴义务人未依限按实补报或填发者，应按扣缴税额处3倍之罚锾，但最低不得少于3000元'。此项规定，乃系扣缴义务人已依法扣缴，并将扣缴之税款如数缴纳国库，仅未依限办理填报手续所为之处罚。如未依法扣缴或扣缴后逾期限缴纳国库，同条第1款、第3款则另有依扣缴税额处罚锾或征滞纳金之处罚。

按租税秩序罚有'漏税罚'与'行为罚'之别。漏税罚乃因纳税义务人未履行租税法上之税捐义务，故其处罚恒以漏税金额为基础，而科以若干倍数之罚锾。而行为罚乃系因租税法上课人民作为或不作为义务，不以涉及漏税为必要，故行为罚只应斟酌其行为或不行为之情节，科处一定金额以上及以下之罚锾，不应以漏税金额为基础，若行为罚亦以漏税金额为基础，则不仅处罚之目的混淆不清，且在未漏税之情形下，随缴额之多寡决定其罚锾数额，有导致处罚过重之虞，其未选择损害人民权益最少之方法行之，显与首开'宪法'第23条意旨有违。多数大法官认前开《所得税法》第114条第2款对行为人科以行政秩序罚，与'宪法'尚无抵触，固值赞同。惟未斟酌首开'比例原则'，就'漏税罚'"与'行为罚'之性质，详为审究行为罚亦依税额处罚欠缺其必要性，尚有未妥，爰提出一部不同意见书如上。"

[②] 大法官杨日然与张特生一部不同意见书以："扣缴义务人已依所得税法扣缴税款而未依同法第92规定之期限填报扣缴凭单，嗣后自动申报者，性质上仅属法律上作为义务之违反。此种义务之违反，既无逃漏税之事实，亦未造成国库收入之迟延，处以行为罚已足可达成行政上掌握税源资料，维护租税公平之目的。但《所得税法》第114条第2款前段对于已依法扣缴税款而未依限申报或逾期自动申报者，却规定应按扣缴税额处一定百分比之罚锾。此部分规定未免将行为罚与漏税罚相混淆，因此导致本应有合理最高额限制之行为罚，将随扣缴税额之增多而有处罚过重之情形发生，殊与'宪法'保护人民权利之本旨有违，应有关机关于本解释公布之日起，一年内检讨修正，逾期该部分之规定不得再行援用。"

成一部不同意见书①。

---

① 大法官郑健才一部不同意见书全文如下："一、本件依可决人数通过之解释文，将《所得税法》第114条第2款所定之行为罚（非漏税罚），分为质与量两个层面加以违宪审查。而认为就此种情形应予制裁（即具有可罚性）之质的层面言，并不'违宪'；就此种处罚依扣缴税额固定之比例计算罚锾金额，又无合理最高额限制之量的层面言，则应检讨修正。本席以为就量的层面言，问题尚非如此简单，亦非仅期待检讨修正，即可尽'释宪'机关之责。至少解释文关于此部分（即惟字以下之后半段）之文字应为：'惟扣缴义务人既已将所扣税款依法定期限向国库缴清，上开规定对于单纯逾期申报之非漏税行为予以罚锾，与相关之其他规定相较，轻重失平，应于本解释公布后1年内通盘检讨为公平合理之修正。在作此修正前，遇有就源扣缴之情形，上开规定除关于罚锾最低金额之规定部分仍可适用外，其余停止适用。逾期如未修正，则除该项最低金额之规定部分外，其余一律失效。'

二、本席所确信之见解如下：

（一）扣缴义务人之作为义务，依现行所得税法规定有三种。第一种为扣（向纳税义务人扣取）、第二种为缴（扣取后限期向国库缴清）、第三种为申报（向稽征机关申报其扣、缴）。同法第114条对于未尽三种义务之全部者，处以依税额倍数计算之罚锾（第1款）对于仅未尽其中第三种义务者，处以依税额成数（比例）计算之罚锾（第2款），对于已尽第一种义务而未尽第二、三种义务者，情形最为严重，却无罚锾规定。实务上认此时'可依《税捐稽征法》第42条第2项规定办理'（'财政部'1985年台财税字第24073号函），意谓此时构成犯罪，但此种犯罪须出于故意（《税捐稽征法》就此无处罚过失之特别规定），与行政罚（包括罚锾）不以出于故意为限者，截然不同。如甲因过失，未尽上述三种义务中之后二种义务，乙因过失，仅未尽其中最后一种义务；则甲既无刑罚，亦无行政罚；乙因多尽一种义务，反须面临可能多至'天文数字'（依税额成数计算，而无上限）之罚锾处分，变成'守法多，吃亏多'。又如上例中之甲系出于故意者，固应构成犯罪，但刑事法院可选科自由刑，亦可选科一千元以下一元以上之罚金，更可宣告缓刑了事（《税捐稽征法》第42条）；乙虽系过失而非故意，其罚锾金额则硬性规定至少为1500元或750元，多则可至'天文数字'，变成'过失重于故意'。

（二）扣缴义务人已尽上述第一、二种之扣与缴义务者，对于国库税收，已无实害可言，不过未进而尽第三种之申报义务有导致税源资料不全，稽征机关对于被扣人（原纳税义务人）所得之勾稽难期完全正确之危险而已。此当为释宪机关认此际仍应予以制裁之基本理由。然就被扣人之所得，课征所得税，本有综合课征与就源扣缴之分（《所得税法》第2条）。在综合课征之场合，被扣人于被扣后仍须向稽征机关办理结算申报。在就源扣缴之场合，扣缴完毕，即为稽征完毕，被扣人别无更向稽征机关办理结算申报之问题。故就后者言，扣缴义务人已尽上述第一、二种义务，而仅单纯未尽第三种义务（包括自动或非自动之逾期申报）者，实无所谓'对于被扣人所得之勾稽难期正确'之危险。法律纵不欲对之设免罚之规定（如《税捐稽征法》第48条之1类），而仍定为应予罚锾，究与前者（即综合课征）之情形不能相提并论。若与刑事犯相比拟，前者有似实质犯（实害犯或危险犯），后者有似形式犯（不以发生实害或危险为内容）。处形式犯之理论背景本极受质疑，即不能免，其刑亦必远轻于实质犯。而上述《所得税法》第114条第2款则对于逾期申报者，无论在综合课征抑在就源扣缴，均按同一标准计算罚锾金额，形同'鸡兔同笼'。

（三）是上开规定，与相关之其他规定相较，轻重失平，显而易见。而凡处罚人民无论其属性如何，均系对于人民自由权利之一种限制，必须公平合理，始能谓其具有'宪法'第23条之必要条件。《所得税法》第114条第2款规定，不问情异，但求罚同，既有失平之处，自应限其通盘检讨作公平合理之修正。在作此修正前遇有就源扣缴之情形，扣缴义务人已将所扣税款依法定期限向国库缴清，而仅单纯逾期申报者，该项规定除关于罚锾最低金额之规定部分外，其余停止适用。逾期如未修正，则除该项最低金额之规定部分外，其余一律失效。'释宪'机关应经由解释文明确表示此意思，似属责无旁贷。"

第四节 违反扣缴义务处罚之"宪法"课题

本号解释首先肯认《所得税法》第 114 条第 2 款,对于违反申报与填发义务处罚之"合宪"性,仅因"逾期申报或填发扣缴凭单者,仍依应扣缴税额固定之比例处以罚锾,又无合理最高额之限制,有导致处罚过重之情形",而为警告性裁判,要求立法机关检讨修正。嗣后,立法机关虽修法增订罚锾最高限额之规定,然仍按扣缴税额固定之比例处以罚锾。又,除上揭条文之外,《所得税法》另于同条第 1 款、第 111 条与第 111 条之一皆设有处罚规定,而其处罚之规定不仅无罚锾金额上限,亦按扣缴税额或应扣未扣或短扣税额处罚,而有违反本号解释所揭橥之精神,以及宪法上之原理原则之嫌,其可能涉及之"宪法"课题主要有三①:

一、依扣缴税额之一定比例处罚,且罚锾无上限之规定是否违反比例原则?

依释字 327 号解释意旨认为 1989 年 12 月 30 日修正公布之《所得税法》第 114 条第 2 款规定,扣缴义务人未于同法第 92 条所定期限内,开具扣缴凭单,汇报该管稽征机关查核,并将扣缴凭单填发纳税义务人,倘未遵期为之,应按扣缴税额处 20% 罚锾,经限期责令补报扣缴凭单,仍未依限按实补报者,按扣缴税额处 3 倍之罚锾。依本条规定处扣缴义务人应扣缴税额 20% 或 3 倍之罚锾,且无上限之规定,已违反比例原则。然而《所得税法》同条第 1 款亦规定,未依同法第 88 条规定扣缴税款者,按应扣未扣或短扣之税额处 1 倍或 3 倍之罚锾,以及同法第 111 条第 2 项与第 111 条之一,私人团体事业或信托行为之受托人,未依限填报或未据实申报或未依限填发免扣缴凭单者,经通知后逾期仍不补报或填发者,按所给付之金额处 5% 之罚锾,皆是否应依释字 327 号解释之意旨,皆认定为"违宪"?

二、以扣缴税额作为母数处罚是否有违不当联结禁止原则?

扣缴义务人虽未遵期按实填报或填发扣缴凭单,然非未尽扣留义务或未尽缴纳义务,扣缴义务人既已将扣留税款解交予国库,国库之税收已获确

---

① 黄俊杰氏认为"财政部"1999 年台财税第 8819424323 号函释示——有关机关团体之责应扣缴单位主管,由各机关首长或团体负责人指定之——导致不同扣缴义务人可能成为税捐秩序罚之处罚对象,因该函释欠缺法律之授权基础,有违法治国家明确性及可预测性之要求。见黄俊杰:《税捐之扣缴与赔缴》,载《纳税者权利保护》,台湾翰芦图书出版有限公司 2004 年 2 月,第 202 页。

保,无发生税收损失之可能性,惟《所得税法》第114条第2款规定,竟按"应扣缴税额"处以罚锾,是否有考虑与本案不相关因素发生联结,而违反不当联结禁止原则?

又,扣缴义务人未扣留或缴纳税款者,依《所得税法》第114条第1款规定,按应扣未扣或短扣之税额,处以罚锾。惟应扣未扣或短扣之税额是否即为国库之税收损失,两者是否数额相等,按"应扣未扣或短扣之税额"是否即无违反不当联结禁止原则?

再者,同法第111条第2项与第111条之一,私人团体事业或信托行为之受托人,未依限填报或未据实申报或未依限填发免扣缴凭单者,经通知后逾期仍不补报或填发者,按"所给付之金额"或"该信托当年度之所得额"之金额,处以罚锾。然仅依限填报或未据实申报或未依限填发免扣缴凭单,非未扣缴税额,即依"所给付之金额"或"该信托当年度之所得额"处罚,是否亦违反不当联结禁止原则?

三、扣缴义务人处罚之主观责任要件为何?

扣缴义务人基于稽征便利性之要求,将原属国家之税捐课征事务,透过法律课予扣缴义务人扣缴义务。再者,扣缴义务人非如同税务人员或会计师通晓税法,精研税捐课征程序。复以,税法法条文字艰涩难懂,且所得给付之形式态样繁复,难以期待扣缴义务人正确地认事用法。倘强求扣缴义务人过高之注意义务,实属强人所难。实务上,依大法官释字275号解释认为对扣缴义务人之处罚,应采推定过失主义,由扣缴义务人举证系争行为无过失,实已对扣缴义务人课予几近无过失之责任,此一注意义务程度之要求,是否违反比例原则而"违宪",扣缴义务人之注意义务程度是否应予以降低,且不应适用大法官释字275号解释,方符"宪法"之本旨?

第五节　罚锾金额无上限

第一项　问题概说

现行法上关于扣缴义务人之处罚,所处之罚锾额度大多无最高限额,且多依应扣未扣或短扣之金额等方式处罚,以下即依比例原则,一一审查所得税法上,关于扣缴义务人之处罚,有无"违宪"之处[①]?

[①] 以下本书先行讨论《所得税法》第114条第2款,再论同条第1款,仅因便于讨论之故。

第二项　以比例原则审查

第一款　《所得税法》第114条第2款

按《所得税法》第114条第2款规定:"扣缴义务人已依本法扣缴税款,而未依第92条规定之期限按实填报或填发扣缴凭单者,除限期责令补报或填发外,应按扣缴税额处20%之罚锾。但最高不得超过22500元,最低不得少于1500元;逾期自动申报或填发者,减半处罚。经稽征机关限期责令补报或填发扣缴凭单,扣缴义务人未依限按实补报或填发者,应按扣缴税额处3倍之罚锾。但最高不得超过4500元,最低不得少于3000元。"

大法官释字327号则针对同法第114条第2款之处罚手段与方式审查其"合宪"性,该号解释认为:"《所得税法》第114条第2款前段:'扣缴义务人已依本法扣缴税款,而未依第92条规定之期限按实填报或填发扣缴凭单者,除限期责令补报或填发外,应按扣缴税额处20%之罚锾,但最低不得少于1500元;逾期自动申报或填发者,减半处罚',旨在掌握税源资料,维护租税公平,就违反此项法律上作为义务应予制裁部分,为增进公共利益所必要,与'宪法'尚无抵触。惟对于扣缴义务人已将所扣税款依限向国库缴清,仅逾期申报或填发扣缴凭单者,仍依应扣缴税额固定之比例处以罚锾,又无合理最高额之限制,应由有关机关检讨修正。"似认为《所得税法》第114条第2款有"违宪"之疑义,而为警告性裁判。从该号解释大法官杨建华之不同意见书亦可得出,该行为罚之规定,本不应依所应缴税额处罚[1],更遑论无合理最高额之限制,应属"违宪",并经大法官释字356号再次确认[2],立法机关亦于其后修正第114条第2款,并增列罚锾最高额之限制。

第二款　《所得税法》第114条第1款

依《所得税法》第114条第1款:"扣缴义务人未依第88条规定扣缴税款者,除限期责令补缴应扣未扣或短扣之税款及补报扣缴凭单外,并按应扣未扣或短扣之税额处1倍之罚锾;其未于限期内补缴应扣未扣或短扣之税

---

[1] 释字327号解释大法官杨建华之不同意见书。
[2] 大法官释字356号解释:"《营业税法》第49条就营业人未依该法规定期限申报销售额或统一发票明细表者,应加征滞报金、怠报金之规定,旨在促使营业人履行其依法申报之义务,俾能确实掌握税源资料,建立合理之查核制度。加征滞报金、怠报金,系对营业人违反作为义务所为之制裁,其性质为行为罚,此与逃漏税捐之漏税罚乃属两事。上开规定,为增进公共利益所必要,与'宪法'并无抵触。惟在营业人已缴纳其应纳税款之情形下,行为罚仍依应纳税额固定之比例加征滞报金与怠报金,又无合理最高额之限制,依本院大法官释字第327号解释意旨,主管机关应注意检讨修正,并此说明。"

款,或不按实补报扣缴凭单者,应按应扣未扣或短扣之税额处3倍之罚锾。"

扣缴义务人未依规定扣缴税款,税捐稽征机关应按应扣未扣或短扣之税额处1倍之罚锾,如未依限补缴应扣未扣或短扣之税款,或不按实补报扣缴凭单者,则按应扣未扣或短扣之税额处3倍之罚锾,处罚不可谓不重;又无如同法第114条第2款规定般,规定有最高额度之限制,该处罚之规定是否抵触"宪法"? 迄今仍未见大法官解释,惟自比例原则中必要性原则出发,处罚无上限非属最小侵害手段。且自"衡平性原则"观点思考,仅因扣缴义务人应扣未扣或短扣即处以应扣未扣或短扣之税额,而无合理最高额之限制,采取之方法与所造成之损害与欲达成之目的利益显失均衡,而有违衡平性原则(释字327号解释参照)。

第三款 《所得税法》第111条第2项后段

依《所得税法》第111条第2项规定:"政府机关、团体、学校、事业之责应扣缴单位主管,违反第89条第3项之规定,未依限或未据实申报或未依限填发免扣缴凭单者,应通知其主管机关议处。私人团体或事业,违反第89条第3项之规定,未依限填报或未据实申报或未依限填发免扣缴凭单者,处该团体或事业1500元之罚锾,并通知限期补报或填发;逾期不补报或填发者,应按所给付之金额处该团体或事业5%之罚锾。但最低不得少于3000元。"

大法官释字317号虽曾针对同法第111条第2项解释认为:"1987年12月30日修正公布之《所得税法》第111条第2项,关于私人团体或事业,违反第89条第3项之规定,未依限填报或未据实申报者,处该团体或事业500元罚锾之规定,系对扣缴义务人违反法律上作为义务所为之制裁,以确实掌握课税资料,为增进公共利益所必要,与'宪法'并无抵触。"首先肯认处罚扣缴义务人未依限填报或未据实申报者处罚之"合宪"性,惟对于处罚之手段与方式则只字未提。

本书以为,同条项后段规定违反第89条第3项之规定,未依限填报或未据实申报或未依限填发免扣缴凭单者,处该团体或事业新台币7500元之罚锾①。虽处罚无如同法第114条第11款般,处罚无最高限额,且处罚额度未过高,从以此一角度观察,固符合比例原则。惟自法律文本出发,凡违

---

① 依罚金罚锾提高标准条例第1条前段:"依法律应处罚金、罚锾者,就其原定数额得提高为2倍至10倍。"及同条例第3项规定:"依本条例规定提高罚金罚锾之法律及其倍数,由主管院定之。"行政院并依前述罚金罚锾提高标准条例第3条之授权,将《所得税法》第111条之罚锾数额,提高为5倍。故《所得税法》第111条之罚锾数额已提高为新台币7500元。

反本法之构成要件者具体个案中,不问法益侵害大小、损害大小与情节轻重,归于一律,处以相同罚锾,似有违比例原则与平等原则[1]。虽现行实务皆依"财政部"颁布税务违章案件减免处罚标准(依《税捐稽征法》第48条之2规定授权)第5条减轻或免于处罚[2],因而于具体个案中,减轻处罚过重之可能性[3]。

惟,本项后段规定:"……逾期不补报或填发者,应按所给付之金额处该团体或事业5%之罚锾。但最低不得少于3000元。"处罚无最高合理限制,亦违反必要性与衡平性原则,仍属"违宪"。

第四款 《所得税法》第111条之1第3项

依所得税法第111条之1第3项规定:"信托行为之受托人未依限或未据实申报或未依限填发第92条之1规定之相关文件或扣缴凭单或免扣缴凭单及相关凭单者,应处该受托人7500元之罚锾,并通知限期补报或填发;逾期不补报或填发者,应按该信托当年度之所得额,处受托人百分之五之罚锾。但最低不得少于15000元。"同法第92条之1复规定:"信托行为之受托人应于每年1月底前,填具上一年度各信托之财产目录、收支计算表及依第3条之4第1项、第2项、第5项、第6项应计算或分配予受益人之所得额、第89条之1规定之扣缴税额资料等相关文件,依规定格式向该管稽征机关列单申报;并应于2月10日前将扣缴凭单或免扣缴凭单及相关凭单填发纳税义务人。"换言之,信托行为之受托人,依《所得税法》第92条之1规定,将扣缴税额资料等相关文件,并于2月10日前填发扣缴暨免扣缴凭单。

倘信托行为之受托人未依法尽申报或填发义务时,应处该受托人新台

---

[1] 例如:扣缴义务人未依限填发给付所得额新台币2000元之免扣缴凭单。

[2] 依《税捐稽征法》第48条之2规定:"依本法或税法规定应处罚锾之行为,其情节轻微,或漏税在一定金额以下者,得减轻或免予处罚。前项情节轻微、金额及减免标准,由财政部拟订,报请行政院核定后发布之。"固现行实务上,财政部另颁布税务违章案件减免处罚标准,其中第5条规定:"依《所得税法》第111条第2项规定应处罚锾案件,有下列情事之一者,减轻或免予处罚:一、私人团体、事业未依限填报或未据实申报或未依限填发扣缴凭单,于填报或填发期届满后10日内自动补报或填发,且补报或填发之给付总额未超过应填报或填发之免扣缴凭单给付总额之30%者,免予处罚。二、私人团体、事业未依限填报或未据实申报或未依限填发扣缴凭单,已自动补报或填发免扣缴凭单而不符前款规定,其给付总额在新台币7500元以下者,按给付总额之二分之一处罚;其给付总额逾新台币7500元者,按应处罚锾减轻二分之一。三、私人团体、事业未依限填报或未据实申报或未依限填发扣缴凭单,其给付总额在新台币7500元以下,经于稽征机关通知限期内补报或填发者,按给付总额处罚。四、依前2款规定,每案应处罚锾金额在新台币1000元以下者,免予处罚。"

[3] 惟于立法技术上应采罚锾区间设计,如"……处××元以下。"(见下述同项第4款),以免于《税捐稽征法》第48条之2授权制定税务违章案件减免处罚标准之法规命令与《所得税法》第111条第2项孰应优先适用之争议。

币七千五百元之罚锾,虽处罚之罚锾额度非无最高限额,同前款论述(同项第3款),就此一层面而言,固符合比例原则。然信托行为之受托人违反上揭规定,不问轻重,一律处以新台币七千五百元,仍有可能于具体个案中,处罚过重之处,有违反狭义比例原则之虞[1]。于立法技术上,应如《税捐稽征法》第45条第1项前段与中段:"依规定应设置账簿而不设置,或不依规定记载者,处新台币3000元以上7500元以下罚锾……期满仍未依照规定设置或记载者,处新台币7500元以上15000元以下罚锾……",立法政策上采取赋予税捐稽征机关特定范围内,依具体个案与法益侵害大小,行政裁量空间,方符比例原则与平等原则之旨。

同条项后段规定:"逾期不补报或填发者,应按该信托当年度之所得额,处受托人5%之罚锾。但最低不得少于15000元。"如受托人为经通知限期补报或填发第92条之1规定之相关文件或扣缴凭单或免扣缴凭单及相关凭单者,逾期仍不补报或填发,应按该信托当年度之所得额,处受托人5%之罚锾。但最低不得少于15000元。虽后段乃处罚仍未依法补报或填发者,惟对于扣缴义务人或受托人已将所扣税款依限向国库缴清,仅逾期申报或填发扣缴凭单者,仍按该信托当年度之所得额固定之比例处以罚锾,又无合理最高额之限制。依大法官释字327号解释意旨,应认后段规定,违反比例原则,应属"违宪"。

第六节　以应扣缴税额作为母数处罚

第一项　行为罚与漏税罚

税法上,税捐秩序罚得区分为"行为罚"与"漏税罚"两种,前者处罚违反协力义务者,不以发生短漏税款之结果为要件;后者则以致生短漏税捐结果为要件[2]。对于纳税义务人违反协力义务之处罚,而未发生漏税结果之行为罚,即按一定金额以下之科处罚锾,例如:《所得税法》第105条第1项与第2

---

[1] 依"财政部"颁布税务违章案件减免处罚标准业已于2002年6月20日修正之,然仍未于该标准中规定违反《所得税法》第111条之1第2项有情节轻微,或漏税在一定金额以下者,得减轻或免予处罚。是故,仍有违反《所得税法》第111条之1第2项有情节轻微之情,然仅得处以新台币7500元罚锾之可能性。

[2] 大法官释字356号解释理由书;陈清秀:《税法总论》,台湾翰芦图书出版有限公司2001年版,第579页。

项①；亦有按应纳税额处以罚锾者，例如，《所得税法》第 105 条第 3 项②，以及《税捐稽征法》第 44 条③。倘纳税义务人违反协力义务，致生短漏税捐结果之漏税罚，即按所漏税额处以罚锾，例如：《所得税法》第 110 条第 1 项至第 2 项④。此一立法技术是否妥当而无"违宪"，大法官迄今未作成相关解释。

扣缴义务不论系扣留、缴纳、申报与填发义务，皆系行为义务，已如前述。又违反申报与填发义务之处罚，不发生短漏税款之情形，亦不以发生短漏税款之结果为其构成要件要素，固为行为罚。兹有疑义者为，《所得税法》第 114 条第 1 款，对于未依法扣留与缴纳税款之扣缴义务人，处以应扣未扣或短扣税之罚锾，是否即为漏税罚？

本书以为，所得是一种流量，所得税应于取得所得时缴纳，但在综合所得制度下，其系以纳税义务人于一年取得的所得总额为计算税负的基础，需至期末结算，方能确定当年度所得与应纳税额⑤。扣缴义务人于给付所得时，其应扣未扣或短扣之税额"不等于"纳税义务人应纳之所得税额⑥。况且，扣缴义务人未为扣缴或短扣，纳税义务人仍可能于次年结算申报该所得，并缴纳所得税。准此，扣缴义务人所缴纳者非税捐债务，且扣缴义务人未为扣缴并非必定致生漏税结果，故《所得税法》第 114 条第 1 款非属漏税

---

① 《所得税法》第 105 条第 1 项与第 2 项："执行业务者不依第 14 条规定，设置账簿并记载者，处以 600 元以上、1500 元以下之罚锾，并责令于 1 个月内依规定设置；1 个月期满，仍未依照规定设置者，处以 1500 元以上、3000 元以下之罚锾，并再责令于 1 个月内依规定设置；期满仍未依照规定设置者，应处以停业之处分，至依规定设置账簿时为止。执行业务者不将账簿送主管稽征机关登记验印，处以 300 元以上、900 元以下之罚锾。营利事业不依规定，设置账簿并记载者，稽征机关应处以 600 元以上、1500 元以下之罚锾，并责令于 1 个月内依规定设置记载；1 个月期满，仍未依照规定设置记载者，处以 1500 元以上、3000 元以下之罚锾，并得处以 1 周以上、1 个月以下之停止营业；停业期中仍不依规定设置记载者，得继续其停业处分，至依规定设置账簿时为止。"

② 《所得税法》第 105 条第 3 项："营利事业不依本法规定，自他人取得凭证，未给予他人凭证或未保存凭证者，稽征机关应按该项未取得、未给予或未保存之凭证而经认定之总额，处以 5% 之罚锾。"

③ 《税捐稽征法》第 44 条："营利事业依法规定应给与他人凭证而未给与，应自他人取得凭证而未取得，或应保存凭证而未保存者，应就其未给与凭证、未取得凭证或未保存凭证，经查明认定之总额，处 5% 罚锾。"

④ 《所得税法》第 110 条第 1 项与第 2 项："纳税义务人已依本法规定办理结算申报，但对依本法规定应申报课税之所得额有漏报或短报情事者，处以所漏税额两倍以下之罚锾。纳税义务人未依本法规定自行办理结算申报，而经稽征机关调查，发现有依本法规定课税之所得额者，除依法核定补征应纳税额外，应照补征税额，处 3 倍以下之罚锾。"

⑤ 黄世鑫：《扣缴率或税率：程序或实体》，载《月旦法学》第 82 期，2002 年 3 月，第 26—27 页。

⑥ 见本书第三章第三节。

罚。基此,所得税法上关于违反扣留、缴纳、申报或填发义务所为之处罚,皆属行为罚,而非漏税罚。

台湾地区法上关于扣缴义务人违反扣留、缴纳、申报与填发义务皆设有处罚规定,并皆以应扣未扣或短扣税额、或应扣缴税额为母数科处罚锾,大法官于释字 327 号解释即非难《所得税法》第 114 条第 2 款,"逾期申报或填发扣缴凭单者,仍依应扣缴税额固定之比例处以罚锾……应由有关机关检讨修正",即认定此一处罚方式有不当之处。然就违反同条第 1 款规定之法律效果,观诸大法官释字 327 号解释文,似得认为《所得税法》第 114 条第 1 款规定,扣缴义务人未按规定扣缴税款者,按应扣未扣或短扣之税额处 1 或 3 倍之罚锾,如同纳税义务人违反协力义务,致生逃漏税捐结果所处之"漏税罚",得按所漏税额之比例处以罚锾,应无不当之处。然本书基于下述理由,认为第 114 条第 2 款与第 1 款,以及第 111 条与同条之一,以应扣未扣或短扣税额或应扣缴税额科处罚锾,以不当联结禁止原则检验之,有违平等原则,而有"违宪"之虞。

第二项 以不当联结禁止原则审查

不当联结禁止原则,即行政行为与所欲达成之目得须具有正当合理关联,如无实质内在关联者,则不得互相结合,禁止"与事件无关之考虑"。对于税捐处罚于构成要件层次与其联结之法律效果,不得与无事物本质之关联者①,恣意联结,导致"等者,不等之;不等者,等之"之情形发生,有违平等原则,应认定为"违宪",兹一一执此审查如下:

第一款 《所得税法》第 114 条第 2 款

2001 年 1 月 3 日公布《所得税法》第 114 条第 2 款规定:"扣缴义务人已依本法扣缴税款,而未依第 92 条规定之期限按实填报或填发扣缴凭单者,除限期责令补报或填发外,应按扣缴税额处 20% 之罚锾。但最高不得超过 22500 元,最低不得少于 1500 元;逾期自动申报或填发者,减半处罚。经稽征机关限期责令补报或填发扣缴凭单,扣缴义务人未依限按实补报或填发者,应按扣缴税额处 3 倍之罚锾。但最高不得超过 45000 元,最低不得少于

---

① 黄茂荣:《税捐法规之违宪审查(下)》,载《植根杂志》第 19 卷第 12 期,2003 年 12 月,第 23 页。

3000元①。"虽本款已依大法官释字 327 号解释意旨而为修正,增列罚锾金额之上限,惟对于解释文所非难之点,与大法官杨建华所质疑:"……行为罚亦以漏税金额为基础,则不仅处罚之目的混淆不清,且在未漏税之情形下,随扣缴额之多寡决定其罚锾数额,有导致处罚过重之虞……",以及大法官郑建才亦质疑之"……《所得税法》第 114 条第 2 款则对于逾期申报者,无论在综合课征抑在就源扣缴,均按同一标准计算罚锾金额,形同'鸡兔同笼'。"对于此一问题,见诸新法与立法修正资料中,惜未对此一问题响应与配合修正。

本书以为,扣缴义务人未遵期开具扣缴凭单,汇报该管稽征机关查核(即未尽申报义务),并将扣缴凭单填发纳税义务人(即未尽填发义务),仅违反公法上行为义务,非违反公法上金钱给付义务,即非未履行扣留义务或未履行缴纳义务,扣缴义务既已将扣留税款解交予国库,国库之税收已获确保,无发生税收损失之可能性,实不应将与事件无关及处罚目的无关之考虑——扣缴税额,作为违反公法上行为义务时,法律效果之选择所应考虑之因素。亦即,立法者不应以"扣缴税额",于该当处罚构成要件之际,作为处罚母数(法律效果之选择),按"扣缴税额"之一定比例处罚,有与事物本质不相关考虑之联结,从而,违反不当联结禁止原则②。

大法官杨建华于释字第 327 号解释中不同意见书曾言及:"……行为罚乃系因租税法上课人民作为或不作为义务,不以涉及漏税为必要,故行为罚只应斟酌其行为或不行为之情节,科处一定金额以上及以下之罚锾,不应以漏税金额为基础,若行为罚亦以漏税金额为基础,则不仅处罚之目的混淆不清,且在未漏税之情形下,随扣缴额之多寡决定其罚锾数额,有导致处罚过

---

① 信托行为之受托人则另依《所得税法》第 111 条之 1 规定:"信托行为之受托人未依限或未据实申报或未依限填发第 92 条之 1 规定之相关文件或扣缴凭单或免扣缴凭单及相关凭单者,应处该受托人 7500 元之罚锾,并通知限期补报或填发;逾期不补报或填发者,应按该信托当年度之所得额,处受托人 5% 之罚锾。但最低不得少于 15000 元。"

扣缴义务人未依限或未据实申报或未依限填发免扣缴凭单者,另依《所得税法》第 111 条第 2 项:"政府机关、团体、学校、事业之责应扣缴单位主管,违反第 89 条第 3 项之规定,未依限或未据实申报或未依限填发免扣缴凭单者,应通知其主管机关议处。私人团体或事业,违反第 89 条第 3 项之规定,未依限填发或未据实申报或未依限填发免扣缴凭单者,处该团体或事业 1500 元之罚锾,并通知限期补报或填发;逾期不补报或填发者,应按所给付之金额处该团体或事业 5% 之罚锾。但最低不得少于 3000 元。"

② 黄俊杰氏亦认为:"依应扣缴税额固定之比例科处,系欠缺合理差别待遇之标准,有违税捐公平原则之意旨。"见黄俊杰:《纳税者权利之维护者》,载《纳税者权利保护》,台湾翰芦图书出版有限公司 2004 年 2 月,第 14 页。

重之虞……"学者黄茂荣氏亦认为:"行为罚不得以该为相关之税基或应纳税额的一定比例或倍数,而应以一定数额以下为其课罚之裁量的标准①。"诚属的论。

第二款 《所得税法》第114条第1款

依所得税法第114条第1款:"扣缴义务人未依第88条规定扣缴税款者,除限期责令补缴应扣未扣或短扣之税款及补报扣缴凭单外,并按应扣未扣或短扣之税额处1倍之罚锾;其未于限期内补缴应扣未扣或短扣之税款,或不按实补报扣缴凭单者,应按应扣未扣或短扣之税额处3倍之罚锾。"虽此一规定处罚之行为,为扣缴义务人皆未履行扣留义务、缴纳义务、申报义务与填发义务等四项义务,与同法第114条第2款,仅未尽申报义务或填发义务不同。扣缴义务人倘未履行扣留或缴纳义务,国家税收可能未获确保,而生税收损失。依释字327号解释见解认为:"对于扣缴义务人已将所扣缴税款依限向国库缴清,仅逾期申报或填发扣缴凭单者,仍依应扣缴税额固定之比例处以罚锾……应由有关机关检讨修正"。反面推论之,大法官似认为《所得税法》第114条第1款扣缴义务人未按规定扣缴税款者,如同纳税义务人违反"充分揭露原则"之作为义务②,致生逃漏税捐结果之"漏税罚",得按应扣未扣或短扣之税额处2倍至3倍之罚锾③,似得推论本款规定为"合宪"。

然本书认为,此一规定仍有"违宪"之虞。盖扣缴义务人仅为稽征便利,因法律规定负有义务,按规定扣留给付纳税义务人一定比率之金额后,向税捐稽征机关缴纳并申报之。税捐债务人仍系受有所得之纳税义务人,且为主债务人,不应使扣缴义务人(非主债务人)负如同纳税义务人相同的责任或相同之处罚。虽国家因扣缴义务人未扣缴而有税收损失之可能性,惟仍须恃纳税义务人于次年结算所得税申报时,方得确定国库是否因扣缴义务

---

① 黄茂荣:《税捐法规之违宪审查(下)》,载《植根杂志》第19卷第12期,2003年12月,第23—24页。

② 葛克昌:《金钱给付及其协力义务不履行与制裁》,载《行政程序与纳税人基本权》,台湾翰芦图书出版有限公司2002年版,第101页。

③ 《所得税法》第110条第1项与第2项:"纳税义务人已依本法规定办理结算申报,但对依本法规定应申报课税之所得额有漏报或短报情事者,处以所漏税额两倍以下之罚锾。纳税义务人未依本法规定自行办理结算申报,而经稽征机关调查,发现有依本法规定课税之所得额者,除依法核定补征应纳税额外,应照补征税额,处3倍以下之罚锾。"

人未为扣缴致生损失①。承此,国家不因扣缴义务人未为扣缴,即致生国库损失②。扣缴义务人应扣未扣或短扣所致之损害,并不等于致生国库之损害③,盖应扣未扣或短扣之税额"不等于"纳税义务人应纳之所得税额。纳税义务人年度综合所得税之应纳税额,端视纳税义务人该年度之净所得总额应适用之最终税率。职是,扣缴义务人虽应扣未扣或短扣,其未扣或短扣税额,不等于纳税义务人未为申报或短报该项所得所生之逃漏税额。惟《所得税法》第114条第1款,竟规定得处以应扣未扣或短扣税额之罚锾,将与事件无关及处罚目的无关之考虑——以未扣或短扣税额,作为处罚计算罚锾数额之基数,有违不当联结禁止原则④。

再者,扣留与缴纳义务,系属行为义务,而非公法上金钱给付义务,仅系扣缴义务人将所扣留之税款移交予税捐机关,并非扣缴义务人对于国家负有给付应扣缴税额债务,立法者仍视纳税义务人为应扣缴税额之债务人,从而,立法者以未扣或短扣税额,作为处罚计算罚锾数额之基数,与事件之本质不相关,且导致扣缴义务人(非税捐债务人)负如同纳税义务人相同的责任或相同之处罚,违反不当联结禁止原则,亦即恣意地违反平等原则中"不等者,不等之"之原则。

第三款　《所得税法》第111条第2项后段

《所得税法》第111条第2项后段规定:"私人团体或事业,违反第89条第3项之规定,未依限填报或未据实申报或未依限填发免扣缴凭单者,处该团体或事业1500元之罚锾,并通知限期补报或填发;逾期不补报或填发者,应按所给付之金额处该团体或事业5%之罚锾。"私人团体或事业,违反第89条第3项之规定,未依限填报或未据实申报或未依限填发免扣缴凭单者,处该团体或事业1500元之罚锾,固无违反不当联结禁止原则。有问题者为,经通知限期补报或填发;逾期不补报或填发者,应按所给付之金额处该团体或事业5%之罚锾?

承前所述(见本项第1款所述)未将扣缴凭单填发纳税义务人,仅违反

---

① 于所得税结算申报时,国家方得确定纳税义务人应纳之所得税额,纳税义务人是否应缴纳余额,或是申请退税。
② 纳税义务人有可能于次年结算申报后即缴纳未为扣缴所得之所得税。
③ 见本书第三章第二节。
④ 赵义德氏与陈清秀氏咸认为不当联结禁止原则乃自宪法上原理原则所导出,故亦为具宪法上位阶之原理原则。赵义德:《析论不当联结禁止原则》,载城仲模主编:《行政法之一般法律原则》,台湾三民书局1994年版,第228页;陈清秀:《行政法的法源》,载翁岳生主编:《行政法2000(上册)》,2000年版,第136页。

行为义务,不致造成税收损失,以扣缴税额作为违反行为义务时(即处罚构成要件该当之际),处罚倍数之基础,有不相关考虑之联结,有违不当联结禁止原则。准此,未依限填报或未据实申报免扣缴资料,或未将"免扣缴凭单"填发纳税义务人,且通知限期补报或填发;逾期不补报或填发者,按"所给付之金额"处该团体或事业5%之罚锾,将与违反本条无关之考虑——所给付之金额,作为违反行为义务时(即处罚构成要件该当之际),法律效果选择所应考虑之因素,作为处罚母数,亦有不相关考虑之联结,故有违不当联结禁止原则。

第四款 《所得税法》第111条之1第3项

依《所得税法》第111条之1第3项规定:"信托行为之受托人未依限或未据实申报或未依限填发第92条之1规定之相关文件或扣缴凭单或免扣缴凭单及相关凭单者,应处该受托人7500元之罚锾,并通知限期补报或填发;逾期不补报或填发者,应按该信托当年度之所得额,处受托人5%之罚锾。但最低不得少于15000元。"

同前款所述之旨,信托行为之受托人未履行申报义务与填发义务,应处该受托人7500元之罚锾,固无违不当联结禁止原则。惟本条第三项后段规定,依信托当年度之所得额,处受托人5%之罚锾等语。其中,"信托当年度之所得额"与受托人违反本条处罚之目的与所造成之损害无涉,作为处罚母数,有不相关之考虑之联结,亦有违不当联结禁止原则。

第七节 处罚是否应采推定过失主义?

第一项 秩捐秩序罚之责任要件
—— 大法官释字第275号解释

行政秩序罚乃为维持行政上之秩序,达成国家行政之目的,对违反行政上义务者,所科之制裁①。台湾地区行政秩序罚于法制面上,尚无统一之法典②,除行政程序法之外,尚无一般性之规定可供适用,尚须借由"司法院"解释及行政法院判决,以形成对此部分之规范③。

---

① 吴庚:《行政法之理论与实用》,台湾三民书局2003年8月增订八版,第461页。
② "法务部"已草拟行政罚法草案,现已送"立法院"审议中,见"行政院"公报第9卷第29期,2003年7月23日,第165页。
③ 洪家殷:《行政秩序罚论》,台湾五南图书出版有限公司2000年版,第98页。

第四章　扣缴义务人处罚之实务问题研析

为制裁行政不法行为，因而对于行为人施以行政秩序罚，除须违反法规上所应履行之义务外，是否须如同刑法般须以责任条件为前提，换言之，即行为人是否须有故意或过失为必要。按行政秩序罚之责任形态有三种，即故意、过失及推定过失责任[1]。处罚是否应以违反义务者主观上有故意或过失为要件，税法上并无明文规定。然以往实务上认为只要客观上有违反义务行为，不问主观上是否有故意或过失均予以处罚[2]。行政法院1973年判字第30号判例即谓："行政罚不以故意或过失为责任要件。"即实务上代表性之见解。然此一见解不问行为人期待可能性，一律处罚，应认违反比例原则而"违宪"。是故，大法官于1991年3月8日作成释字第275号解释，释示："人民违反法律上之义务而应受行政罚之行为，法律无特别规定时，虽不以出于故意为必要，仍须以过失为其责任条件。但应受行政罚之行为，仅须违反禁止规定或作为义务，而不以发生损害或危险为其要件者，推定为有过失，于行为人不能举证证明自己无过失时，即应受处罚[3]。"明白宣告上揭判例违宪，而认为行政秩序罚应以故意或过失为要件，改采过失责任主义。惟大法官另释示："就违反禁止规定或作为义务，而不以发生损害或危险为其要件者"，改采推定过失主义[4]。由行为人负客观举证责任，倘未能获得行为人无过失之心证时，仍须处以行政秩序罚。

行为人之税捐违章行为，虽须以故意或过失为要件，已如前述。至于"过失"之认定，参照《刑法》第14条之规定，得分为无认识过失与有认识过

---

[1]　洪家殷：《行政制裁》，载翁岳生主编：《行政法2000》（下册），2000年版，第725页。
[2]　吴庚：《行政法之理论与实用》，台湾三民书局2003年8月增订八版，第464页。
[3]　1969年3月8日大法官作成释字275号解释，其解释文全义为："人民违反法律上之义务而应受行政罚之行为，法律无特别规定时，虽不以出于故意为必要，仍须以过失为其责任条件。但应受行政罚之行为，仅须违反禁止规定或作为义务，而不以发生损害或危险为其要件者，推定为有过失，于行为人不能举证证明自己无过失时，即应受处罚。行政法院1973年判字第30号判例谓：'行政罚不以故意或过失为责任条件'，及同年度判字第350号判例谓：'行政犯行为之成立，不以故意为要件，其所以导致伪报货物品质价值之等级原因为何，应可不问'，其与上开意旨不符部分，与宪法保障人民权利之本旨抵触，应不再援用。"理由书全文为："人民因违反法律上义务而应受之行政罚，系属对人民之制裁，原则上行为人应有可归责之原因，故于法律无特别规定时，虽不以出于故意为必要，仍须以过失为其责任条件。但为维护行政目的之实现，兼顾人民权利之保障，应受行政罚之行为，仅须违反禁止规定或作为义务，而不以发生损害或危险为其要件者，推定为有过失，于行为人不能举证证明自己无过失时，即应受处罚。行政法院1973年判字第30号判例谓：'行政罚不以故意或过失为责任条件'，及同年度判字第350号判例谓：'行政犯行为之成立，不以故意为要件，其所以导致伪报货物品质价值之等级原因为何，应可不问'失之宽泛。其与上开意旨不符部分，与宪法保障人民权利之本旨抵触，应不再援用。"
[4]　吴东都氏认为此非"法律上推定"，而是一种"表见证明"所推定之过失。理由详见吴东都：《行政诉讼之举证责任——以德国法为中心》，台湾学林文化事业有限公司2001年版，第37页。

失两种。前者系指行为人对于税捐违章事实发生虽无故意,然依其情节应注意,并能注意,而不注意之情形;后者,乃行为人对于构成税务违章事实,虽预见其能发生,而确信其不发生之情形①。又过失之程度有轻重之别,其程度参照民法之规定,得区分为重大过失、具体轻过失、抽象轻过失三种。然台湾地区实务上倾向不问过失程度的轻重,只要有过失,即应处罚,易言之,实务上采抽象轻过失为标准,甚至高于抽象轻过失之标准。

学说上关于过失程度之讨论?学者陈清秀氏亦采取与民法相似之分法②,即重大过失、抽象轻过失、与具体轻过失说。并认为税捐秩序罚应采具体轻过失说,且应以税捐义务人如同处理自己其他职业上或业务上之注意能力为准,非一般国民注意能力为准。其理由似认为因税捐给付具无偿性,故法律不应要求过高之注意能力③。

第二项 实务上所引发之争议

按无故意或过失者,国家不得处罚人民④。虽早期实务不问行为人故意或过失一律处罚。惟自释字275解释作成后,对于人民违反法律上之义务而应受行政罚之行为,法律无特别规定时,仍须以故意或过失为其责任条件。实务上皆参照释字275号解释意旨,认为扣缴义务人须有故意或过失为主观责任条件,方得处罚。

惟大法官亦言及"仅违反禁止规定或作为义务,而不以发生损害或危险为其要件者,推定为有过失,于行为人不能举证证明自己无过失时,即应受处罚。"然而,违反扣缴义务所受之处罚,观其处罚之构成要件要素,皆属违反禁止规定或作为义务,而不以发生损害或危险为其要件者⑤,一律采推定过失主义⑥,行为人须自行举证证明自己无过失时,如行政法院未能获得无过失之心证,即应受罚。采此一主义,对于扣缴义务人是否过苛,不无疑问。

---

① 陈清秀:《税法总论》,台湾翰芦图书出版有限公司2001年版,第582页。
② 同上注。
③ 同上注,第583页。
④ 大法官释字275号解释反面推论。
⑤ 有疑义者为《所得税法》第114条第1款关于扣缴义务人未扣或短扣之处罚,是否属"违反禁止规定或作为义务,而不以发生损害或危险为要件者"?本书以为,扣缴义务乃属行为义务,就该条规定而言,其客观构成要件为:未按期履行扣留与缴纳义务,即该当客观构成要件,亦不问是否对于国家造成税捐损失,亦即不以发生损害或危险为要件。
⑥ 对于未依第92条规定之期限按实填报或填发扣缴凭单,依《所得税法》第114条第2款处罚者,实务上有认为应依释字第275号推定过失。可参考高雄行政法院2001年诉字1886号判决、2001年简字3864号判决。

再者，所得税法关于扣缴义务规定多如牛毛，无完整之体系，且法文诘屈聱牙，难以期待望文生义。复以，案例事实千变万化，所得给付人之营运模式、系争所得给付之名义，亦因时地等诸多因素而异其型态与名义，尤其是非典型案例，如何将法规涵摄于系争事实中，正确地适用法令，实属困难。倘税捐稽征机关之认定与扣缴义务人不同，是否即谓扣缴义务人有过失，而应补缴与处罚[①]，不无疑义。

以下即以具有重要性之行政法院判决为例，探讨释字 275 号解释适用于扣缴义务人处罚，于实务上引发之争议，并借由下述判决逐一检视行政法院与税捐稽征机关，于处罚实务上，认定扣缴义务人故意或过失所持之标准为何？依判决之事实态样与法律争议之异同，本书将其区分为四种类型：一、境外所得认定不同：以"最高行政法院"2003 年判字第 1140 号判决与 2003 判字第 1033 号判决为代表[②]；二、是否属免税所得认定不同：以"最高行政法院"2000 年判字第 945 号为代表；三、是否属应扣缴所得认定不同：以台北高等行政法院 2000 年诉字第 2492 号判决与 2003 年诉字第 23 号判决（见本章第二节）为代表；四、扣缴义务人认定不同：以"最高法院"1999 年判字第 4234 号判决为代表。

第一款　境外所得认定不同

第一目　"最高行政法院"2003 年判字第 1140 号判决

一、案例事实

上诉人为欧××国际股份有限公司（下称欧××公司）之负责人，系行为时《所得税法》第 89 条所称之扣缴义务人。欧××公司于 1995 年 6 月 6 日至 9 月 20 日止，给付美国 K 公司权利金计新台币（下同）10851030 元。案经被上诉人查获上诉人未依同法第 88 条规定于给付时扣取税款，核有应扣未扣税款 2170206 元，被上诉人先行函请上诉人补缴应扣未扣税款及补办扣缴凭单申报手续。然上诉人未依限补缴及补报，被上诉人另按其应扣未扣之税额处 3 倍之罚锾计 6510618 元。上诉人不服，申请复查结果，未获变更，提起诉愿，亦遭驳回，遂提起本件行政诉讼。

二、上诉人主张——系争权利金属境外所得无需扣缴且上诉人无过失

上诉人（即原审之原告）主张权利金属境外所得无需扣缴且原告无过

[①] 实务上经常结合解释函令为义务违反或推定过失之依据。参见葛克昌：《解释函令与财税行政》，载《所得税与宪法》，台湾翰芦图书出版有限公司 2003 年版，第 238 页。

[②] 另有台北高等行政法院 2002 年诉字第 4252 号判决亦甚具讨论价值。

失,理由如下:

依《所得税法》第3条第3项及同法第8条第6款规定,所谓"权利金所得",其课征范围及认定标准,系指以各项权利是否在台湾地区供他人使用为准。若专利权在台湾地区供他人使用,则为台湾地区来源所得,至于专利权等权利属"何人所有"及权利金以何种方式支付,均在所不问。本件系争专利权由境外法人(即美国K公司)提供,权利金由境内欧××公司支付,均与是否为台湾地区来源所得之认定无关。且本件专利权使用地为美国、加拿大等地,并未包含台湾地区,不在台湾地区使用,并非《所得税法》第8条所规定的课税范围及认定标准,自不属于台湾地区来源之所得。即便权利金由欧××公司支付,专利权所有人为美国K公司取得,仍不属于台湾地区来源所得。本件被上诉人认同系属"权利金"性质,且举例"财政部"1965年台财税发第07859号令[①]、1980年台财税第38301号函释[②]。惟本件专利权并不在台湾地区使用,自非属台湾地区来源所得,当然不生扣缴问题。被上诉人引用"财政部"1997年台财税第861914097号函释按"总数"扣缴函释[③],忽略扣缴条件,作为扣缴根据,自有未合;又被上诉人引用财政

---

① "财政部"1965年台财税发第07859号令:"美国甲公司仅将其秘密制造方法及专门技术等资料提供与台湾乙公司使用,取得一定报酬,其所有权并未转让,自难为出售,则其从乙公司所取得之该项报酬,自属《所得税法》第8条第6款所称之权利金所得,应由该乙公司于给付时,依照同法第八十八条有关规定依率扣缴。"

② "财政部"1980年台财税第38301号函:"主旨:贵公司与日商××会社总公司签订技术合作契约所支付之报酬金,核属《所得税法》第8条第6款规定之权利金性质,不适用同法第25条第1项有关提供技术服务收入核计营利事业所得额之规定,应由贵公司于给付时按20%扣缴率扣缴其所得税款。说明:二、依据约载内容,日商系将其专门技术(秘密方法)等,在约定之地区、日期内,提供贵公司独家使用,所取得之报酬,属《所得税法》第8条第6款所称权利金性质。"

③ "财政部"1997年台财税第861914097号函:"主旨:台湾地区营利事业与外国营利事业签订借贷或技术合作契约,依约给付予外国营利事业之利息、权利金或技术服务报酬,应依《所得税法》第88条规定,按给付总额扣缴税款。说明:二、《所得税法》第88条规定,纳税义务人有该条所列之各类所得者,应由扣缴义务人于给付时,依各类所得扣缴率标准规定,扣取税款。其扣缴税款之计算,系以包括扣缴税款在内之给付总额为基础。台湾地区营利事业与外国营利事业签订借贷或技术合作契约,虽约定外国营利事业取得之利息、权利金或技术服务报酬应纳之所得税,由台湾地区营利事业负担,扣缴义务人于给付时,应以外国营利事业实际取得之利息、权利金或技术服务报酬,加计其应负担之扣缴税款后之给付总额,作为计算扣缴税款之基础。三、自本函发文之日起,台湾地区营利事业与外国营利事业新签订之契约,应依本函规定办理,不适用本部1977年台财税第32649号函及1979年台财税第37063号函之规定。惟本函发文前,台湾地区营利事业与外国营利事业已签订之契约,在契约有效期间内,仍得依前开二函规定办理。"

部1979年台财税第31481号①及1979年台财税第32326号函释②,与本件系争专利权并非在台湾地区使用者不同显系误解。

退万步言,本件即便应补缴税款,但对于裁罚部分,因被上诉人所属大同稽征所以1999年6月15日财北国税大同征字第88004027号函准俟复查决定后,另行函覆。致上诉人陷于错误,因此相信"俟复查决定后另行通知补缴税款,并处罚锾"。大同稽征所与被上诉人系属同一机关,大同稽征所对于上诉人所为之承诺,被上诉人依法应受到自我约束。上诉人对被上诉人之信赖,自亦应受到保护③。又依《行政程序法》第8条、第4条规定,被上诉人未虑及其所属大同稽征所对上诉人所为之承诺,仍对上诉人科以罚锾,即有违背诚信原则和信赖保护原则,显然违法,为此请撤销诉愿决定、复查决定及原处分等语。

三、被上诉人主张——系争权利金非属境外所得须扣缴且上诉人有过失

被上诉人(即原审之被告)主张系争权利金属境外所得须扣缴且原告有过失,其答辩如下:

依行为时《所得税法》第8条第6款、第88条第1项第2款、第89条第1项第2款、92条第1项前段及《各类所得扣缴率标准》第3条第6款规定及"财政部"1965年台财税发第07859号令、1980台财税第38301号函、1997年台财税第861914097号函、1980年台财税第31481号函及1980年台财税第32336号函所明释意旨,欧××公司于1995年5月24日与美国K公司签订契约,取得"KAEMPEN"商标于加拿大、墨西哥及美国等地之制造、使用、销售之专利权,并自同年6月6日起至同年9月20日止,共给付权利金10851030元予美国K公司,有欧××公司1995年度无形资产分类账、现金支出传票、汇款凭证及契约书等资料可稽。是欧××公司给付之报酬性质,应系外商公司在台湾地区境内所取得之权利金收益,系属台湾地区

---

① "财政部"1979年台财税字第31481号函:"日商××会社提供××公司使用其所有之专利权,其因而取得之专利权实施费用,及按每月专利品销售金额3%计收之专利使用费,非属《所得税法》第25条第1项所称之技术服务业务之收入,不适用该条文有关核计其营利事业所得额之规定。"

② "财政部"1979年台财税字第32336号函:"美商××公司与台湾××公司技术合作生产'充气轮胎'及'辐射轮胎',依照该项技术合作契约书所载,该美商主要之合作事项,系就有关合作产品之发展,制造使用、保养、操作、试验及改良,提供合作人所合理需要之技术资料,其按合作产品销售净额3%计收之技术报酬金,系属权利金性质,非属《所得税法》第25条第1项所称之技术服务业务之收入,不适用该条文有关核计其营利事业所得额之规定。"

③ 实务上不少关于《所得税法》第114条第1款前段及后段所称"限期",是否指行政救济或判决后,经稽征机关重新命补缴,始得处以3倍罚锾,见"最高行政法院"2002年判字第1121号判决、高雄高等行政法院2002年诉字第132号判决。

来源所得,自应依法办理扣缴。被上诉人原核定依首揭规定,责令上诉人补缴1995年度应扣未扣税款及补报扣缴凭单,并无不合。

四、行政法院见解——系争权利金非属境外所得须扣缴且上诉人有过失

"最高行政法院"以原审(即台北高等行政法院)肯认系争权利金属境内所得于法并无不核,理由如下:

欧××公司与美国K公司签订契约,取得"KAEMPEN"商标由其在美国转投资之美国欧××公司于加拿大、墨西哥及美国等地之制造、使用、销售之专利权,并在首开期间共给付权利金10851030元予美国K公司,有契约书、现金支出传票、汇款凭证等附于原处分卷可参,是该款项系外商公司在台湾地区境内所取得之收益,上诉人并不争执。上诉人虽主张其取得之专利权之使用地系在国外,但查,上诉人已将其取得之专利权使用权列为其无形资产,有其无形资产分类账记载可稽,在法律上其拥有该无体财产权之使用权,至就该财产权之如何使用、在何地使用,或自行、出租或再授权他人生产、制造等均非所问。就本件而言,若非欧××公司有"使用"该专利权之事实,则又何需由欧××公司支付权利金?至美国欧××公司得在加拿大、墨西哥及美国等地之制造、使用、销售,为欧××公司使用该专利权之结果,欧××公司与美国欧××公司为不同之法人,上诉人将美国欧××公司之使用与台湾欧××公司之使用,混为一谈,自无可采。欧××公司未于给付时扣缴税款,被上诉人通知上诉人补缴应扣未扣税款及补办扣缴凭单申报手续,上诉人未依限补缴及补报,被上诉人乃按其应扣未扣之税额处3倍之罚锾,于法并无违误,诉愿决定予以维持,亦无不合。

第二目 "最高行政法院"2003年判字第1033号判决

一、案例事实

原告系钦×国际股份有限公司(以下简称钦×公司)负责人,亦即《所得税法》第89条规定之扣缴义务人,该公司于1994年度及1995年度,给付在台湾地区境内无固定营业场所及营业代理人之营利事业广告促销补助款计新台币(除新加坡币外,下同)1792000元及1249342元,未依同法第88条规定于给付时扣取税款,案经被告查获,责令限期补缴应扣未扣税款358400元及249868元,并补报扣缴凭单,原告未依限办理,被告遂依行为时《所得税法》第114条第1款后段规定,按1995年度应扣未扣之税额处3倍罚锾749604元。原告不服,申请复查,经被告驳回申请,原告犹表不服,提起诉愿,亦遭决定驳回,遂向本院提起行政诉讼。

第四章　扣缴义务人处罚之实务问题研析

二、原告主张——系争广告费境外所得无需扣缴且原告无过失

原告给付兴×公司及丹×公司之款项属境外所得，无需扣缴，理由如下：

一、本件两造就原告担任负责人之钦×公司于1994年、1995年间支付诉外人兴×公司及丹×公司款项各1249342元及1792000元之事实，并不争执；双方有争议者，仅针对该款项是否属兴×公司及丹×公司在我境内之所得，其看法不一而已。

二、台湾地区所得税法系采属地主义，本件依行为时《所得税法》第8条第11项明文："本法称'中华民国'来源所得，系指左列各项所得：……十一、在'中华民国'境内取得之其他收益。""财政部"1976年台财税第35817号函进一步阐释①："国内营利事业支付国外营利事业之外销佣金，如其代'我国'营利事业推广货物之劳务系在'我国'境外提供，其佣金收入非属'我国'来源所得，应不发生课征营业税及扣缴所得税问题。""财政部"1980年台财税字第31131号重申此意旨谓②，"境外杂志社，向境内厂商招揽广告，刊登于各该境外杂志，由境内厂商付予境外杂志社之广告费，核非《所得税法》第8条规定之台湾地区来源所得，杂志社代收代付该项费款，无需扣缴所得税。"申言之，仅在台湾地区营利事业对于本国或国外公司在其境内提供之劳务为给付时，原告方有代扣缴所得税之义务。本件钦×公司给付兴×公司之款项，均系兴×公司在境外——新加坡及东南亚相关国家之广告费用，非兴×公司于境内为钦×公司提供之劳务，依台湾地区所得税法及"财政部"函释，自无需代扣所得税。又，原告给付丹×公司之1792000元，均系丹×公司在境外即香港及大陆之广告费用，非丹×公司于境内为钦×公司提供之劳务，依台湾地区所得税法及"财政部"函释，自无需代扣所得税。

三、被告主张——系争广告费非属境外所得须扣缴且原告有过失

被告以系争广告费非属境外所得无误，原告未为扣缴即有过失，兹分述如下：

---

① "财政部"1976年台财税第35817号函："国内营利事业支付给国外营利事业之外销佣金，如其代台湾地区营利事业推销货物之劳务系在台湾地区境外提供，其佣金收入非属台湾地区来源所得，应不发生扣缴所得税问题。至国外营利事业派至台湾地区为该国外营利事业办理台湾地区厂商销货出口之报价及验货之联络人员，其自该国外营利事业所取得之劳务报酬，除该工作人员系符合《所得税法》第8条第1项第3款但书之规定者，仍应依法课征综合所得税。"

② "财政部"1979年台财税第31131号函，国外杂志社向国内厂商招揽广告，刊登于各该国外杂志，由台湾地区厂商付与国外杂志社之广告费，核非《所得税法》第8条规定之台湾地区来源所得，贵社代收代付该项费款，无须扣缴所得税。

（一）本件原告系系钦×公司负责人，亦即《所得税法》第89条规定之扣缴义务人，该公司于1994年度给付国外代理商香港商丹×公司之广告补助费1792000元，1995年度给付国外代理商新加坡商兴×公司之广告补助费1249342元，未于给付时按20%扣缴税款358400元及249868元，有卷附该公司账册影本及银行汇款资料影本可稽，经被告限期责令补缴应扣未扣税款及补报扣缴凭单，原告仍未依限办理，被告遂按1995年度应扣未扣之税额处3倍罚锾749604元。

（二）钦×公司给付系争广告促销补助款1792000元及1249342元，有卷附该公司账载资料、银行汇款资料、说明书等资料可稽，此亦为原告所不争；次查，新加坡代理商兴×公司系属在台湾境内无固定营业场所及营业代理人之营利事业，又按《香港澳门关系条例》第29条规定①，香港法人有台湾地区来源所得者，就台湾地区来源所得比照总机构在台湾地区境外之营利事业课征所得税。本件钦×公司给付予新加坡代理商兴×公司及香港商丹×公司之广告促销补助款，应属《所得税法》第8条第11款规定在台湾地区境内取得之其他收益，为台湾地区来源所得，应于给付该所得时依《各类所得扣缴率标准》第3条第9款规定，按给付额20%扣缴税款，是原告所称显系误解，核不足采。

四、行政法院见解——系争广告费非属境外所得须扣缴且原告有过失

原审法院②认为，本件钦×公司给付予上开二公司之广告促销补助款，均是依照一定销货金额乘上一定比例计算，非广告费，且由台湾地区汇出款项，应属《所得税法》第8条第11款规定在台湾地区境内取得之其他收益，为台湾地区来源所得，应于给付该所得时依《各类所得扣缴率标准》第3条第9款规定，按给付额20%扣缴税款，是原告所诉显系误解，洵不足采。

"最高行政法院"维持原审判决，另以下述理由支持原审所持之见解：查《所得税法》第8条第11款所称在台湾地区取得之其他收益，系以其取得地是否在台湾地区境内为准，此观该条之立法理由甚明。本件促销补助款均系由台湾地区汇出，原判决业已认定论明，且为上诉人所是认。对取得该补助款之香港商丹×公司与新加坡商兴×公司而言，其系取得台湾地区来源

---

① 《香港澳门关系条例》第29条第2项："香港或澳门法人、团体或其他机构有台湾地区来源所得者，就其台湾地区来源所得比照总机构在台湾地区境外之营利事业，依所得税法规定课征所得税。"

② 台北高等行政法院2001年诉字4214号判决理由。

第四章　扣缴义务人处罚之实务问题研析

之所得,甚为明显。上诉人以该条之"境内"一词,应以劳务提供地为准云云,尚嫌无据。

第三目　问题之分析

一、境内外所得之认定

台湾地区营利事业所得税采属人兼属地主义,惟就境外营利事业,仅就台湾地区来源所得加以课征营利事业所得税,故《所得税法》第3条第3项:"营利事业之总机构在'中华民国'境外,而有'中华民国'来源所得者,应就其'中华民国'境内之营利事业所得,依本法规定课征营利事业所得税。"即明文揭橥之。仅就台湾地区来源所得课税,其理论依据乃受益负担原则。盖所得来源之认定,以所得人是否享有该国公共服务,并从中取得若干利益为准①。

然而,属台湾地区来源所得且为应扣缴所得,固须予以扣缴。惟属应扣缴所得,但非属台湾地区来源所得是否须办理扣缴,法无明文。解释上,应不予扣缴。盖给付之所得非属台湾地区所得税法课征之税捐客体,即无扣缴之必要,实务上亦本此之旨办理②。

前述"最高行政法院"2003年判字第1140号判决(下称前案)主要争点之一为:系争权利金是否于境内使用。同法第8条第6款规定:"本法称'中华民国'来源所得,系指左列各项所得:……六、专利权、商标权、著作权、秘密方法及各种特许权利,因在'中华民国'境内供他人使用所取得之权利金。……"自本款规定文义解释出发,可得知判断系争权利金所得是否属台湾地区来源所得系以"是否在'中华民国'境内供他人使用"所取得之权利金为准,此与本款之立法理由完全相契合。自受益负担之原理原则观之,亦可得出提供权利之所得人,倘未因该权利于本国内享有权利保护等公共服务,并从中取得若干利益,实无就该所得课征所得税之理。是故,倘上诉人就该专

---

① 葛克昌:《综合所得税属地主义之检讨与改制》,载《所得税与宪法》,台湾翰芦图书出版有限公司2003年版,第323页。

② "财政部"虽无通案解释非属台湾地区来源所得无须扣缴,惟于个案中即依本此意旨为之。例如:"财政部"1980年台财税第37783号函:"贵公司经政府主管机关核准,依对外渔业合作合约之规定,在外国领域作业所给付印尼政府之入渔费(作业权利金)及印尼政府所派遣观察员之薪资,核非属台湾地区来源所得,依法不属台湾地区所得税课征范围,于给付结汇时,亦无须扣缴税款。""财政部"1995年台财税第841620585号函:"'行政院国家科学委员会'驻外单位于驻在地核发学者专家提供稿件之稿费、审查费,系属《所得税法》第4条第23款及同法施行细则第8条之5规定之稿费收入,应属执行业务所得。如撰稿或审查人(劳务提供地)系在国外,核非属台湾地区来源所得,依法可免纳所得税并免予扣缴所得税;反之,如系在台湾地区提供,核属台湾地区来源所得,应依法扣缴所得税。"等诸号函释。

利权使用地为境外之美国、加拿大等地,未含台湾地区境内使用,所陈既为真,则系争所得即非台湾地区来源所得,依法无需扣缴与课税。"最高行政法院"以下述三点理由,驳回上诉:(1) 非台湾欧××有"使用"该专利权之实,何需由上诉人支付权利金;(2) 美国欧××公司得在加拿大等地之制造、使用、销售,为上诉人使用该专利权之结果;(3) 台湾欧××公司与美国欧××公司为不同之法人,上诉人将美国欧××公司之使用与台湾欧××公司之使用,混为一谈,自无可采。

惟就"最高行政法院"所持驳回理由第一点而言,美国欧××公司既为台湾欧××转投资公司,则母公司(即台湾欧××)居于控制公司地位,为扩展全球业务,就集团旗下子公司签约与付款,自属交易常态;另就第二点与第三点理由而言,既然"最高行政法院"以上诉人将美国欧××公司之使用与台湾欧××公司之使用,混为一谈,自无可采,为何复以美国欧××公司得在加拿大等地之制造、使用、销售,为"上诉人"使用该专利权之结果?上诉人与美国欧××公司即非属不同之"自然人"与"法人",两者即不应予以混淆,混为一谈。甚者,上诉人亦无于台湾地区境内使用该权利。"最高行政法院"判决理由,似有牵强之处。

另"最高行政法院"2003 年判字第 1033 号判决(下称后案)主要争点之一为:系争广告费是否于劳务报酬,抑或其他收益?依同法第 8 条第 3 款与第 11 款规定,称台湾地区来源所得,系指左列各项所得:……三、在台湾地区境内提供劳务之报酬。但非台湾地区境内居住之个人,于一课税年度内在台湾地区境内居留合计不超过九十天者,其自台湾地区境外雇主所取得之劳务报酬不在此限。……十一、在台湾地区境内取得之其他收益。若为劳务报酬,考其文义解释、立法理由与受益负担原则,应认以劳务提供地是否在台湾地区境内为准[①],非属台湾地区来源所得[②],至于是否由台湾地区汇出款项,在所不问[③]。惟"财政部"亦认为如台湾地区公司派遣员工赴境外

---

① "财政部"1978 年台财税第 34675 号函:"贵公司发给航行国际航线之台湾地区船只上工作之船员薪资及营运船舶船员工作补助费,均属在台湾地区境内提供劳务所取得之报酬,应依法扣缴并课征所得税。说明:二、劳务报酬是否属于台湾地区来源所得,应以劳务提供地是否在台湾地区境内为准,船员在台湾地区船只上工作,即属在台湾地区境内提供劳务,不论航线如何,其在台湾地区境内提供劳务所取得之劳务报酬,应属《所得税法》第 8 条第 3 款规定之台湾地区来源所得,应依法课征所得税。"
② "财政部"1995 年台财税第 841620585 号函。
③ "财政部"1976 年台财税第 35817 号函。

提供劳务，系属境外出差性质，仍属台湾地区来源所得①；若为其他收益则以"所得取得地是否于台湾地区境内"为准②。

本案原审判决以"依照一定销货金额乘上一定比例计算，非广告费，且由境内汇出款项"即认定系争所得属其他所得，理由甚为简略。而"最高行政法院"则径认其为其他所得，不附任何理由，甚者，以该条之"境内"一词，应以劳务提供地为准，于法无据。

本书以为，本案倘如上诉人所陈，钦×公司给付予兴×与丹×公司为因上述两公司为钦×公司于台湾地区境外促销货物，依货物销货额给予佣金，应属劳务报酬，则其劳务提供地于台湾地区境外，是故，应非属台湾地区来源所得③，是否由台湾地区汇出款项，在所不问，"财政部"认定本案与"财政部"1976年台财税第35817号函案例，两者所得性质不同，似有违平等原则。

二、所得认定不同是否有过失

按无故意或过失者，国家不得处罚人民④，处罚应以故意与过失为要件，惟过失程度为何？学者陈清秀氏采取与民法相似之分法⑤，并认为税捐秩序罚应采具体轻微过失说，且应以税捐义务人如同处理自己其他职业上或业务上之注意能力为准，非一般国民注意能力为准。学者葛克昌氏亦认为税捐秩序罚，原则上应采具体轻过失责任，因税捐本质上系无对待性之公法给付义务，过失之责任，依事件之特性而有轻重，如其事件非予债务人利益"应从轻酌"之法理（《民法》第220条第2项参照），应与自己同一之注意义务已足⑥。

---

① "财政部"1998年台财税第871957592号函："××信息股份有限公司依合约计划派员赴台湾地区境外提供信息技术服务，该公司员工依合约所定期限在国外提供技术服务，系属国外出差性质，其自该公司取得之劳务报酬，仍属台湾地区来源所得，应依法课征综合所得税。""财政部"1995年台财税第841629949号函："××航空工业公司依契约计划派员赴台湾地区境外执行各项采购案履约任务，其员工依契约所定期限在国外执行各项采购任务，系属国外出差性质，其自该公司取得之劳务报酬，仍属台湾地区来源所得，应依法课征综合所得税。"

② 为何本条前10款皆以"所得人之给付地"为准，然第11款竟以"所得取得地"为准，似有违受益负担原则，理由安在，不得而知。

③ 本案亦非国内厂商给付予所属员工或关系企业，与财政部1998年台财税第871957592号函与财政部1995年台财税第841629949号函案件事物类型不同。

④ 大法官释字275号解释反面推论。

⑤ 陈清秀：《税法总论》，台湾翰芦图书出版有限公司2001年版，第582页。

⑥ 葛克昌：《解释函令与财税行政》，载《所得税与宪法》，台湾翰芦图书出版有限公司2003年版，第238—239页。

纵认上述两判决中系争所得属境内所得应予扣缴,然扣缴义务人于给付系争所得时,就相关法规与解释函令已为相当之注意义务。又,纵认扣缴义务人于行为前已对于相关法规与解释函令应尽善良管理人之注意义务,亦难以推论得出系争所得应予以扣缴,而不应认定扣缴义务人有故意或过失。且扣缴义务人于给付前,对于未扣缴一节欠缺认识,不知其适用可能性,而无避免可能性时,即不应予以处罚①(德国《秩序罚法》第 11 条第 2 项)。

第二款 是否属免税所得认定不同

第一目 案例事实——"最高行政法院"2000 年判字第 945 号判决

原告系台南县立白河国民中学之主办会计,于给付该借调台南县政府服务之教师萧××薪资 1994 年度新台币 753452 元,1995 年度 807147 元,1996 年度 554400 元时未依行为时《所得税法》第 88 条规定扣缴税款计 1994 年度 17066 元、1995 年度 17878 元、1996 年度 6458 元,案经被告查获,除依行为时《所得税法》第 114 条第 1 款规定限期责令补征外,并按应扣未扣税款处以 1 倍罚锾共计 41200 元(均计至百元)。原告不服,申经复查结果,未准变更。原告仍不服,依法提起诉愿、再诉愿,递遭决定驳回,遂循序提起行政诉讼。

第二目 原告主张——系争薪资属免税所得无需扣缴且原告无过失

原告认为虽以调任至县政府教育局,因具有国中教师资格,所给付之薪资所得仍无需扣缴,纵需扣缴,原告仍无过失,兹分述如下:

一、被告所依据之"财政部"函释系以调任县市政府教育局"督学"为解释标的,亦即系以"督学"之工作性质为解释对象而为之函释。萧××虽调任台南县政府教育局,惟所在职系"一、乡土语言(母语)、艺术教育之推广与辅导。二、国语文教育之辅导。三、协办艺术教育、补习教育、交通安全教育。四、协助学管课办理国中小人事作业。五、协办各项社教艺文活

---

① 德国秩序罚法(Gesetz über Ordnungswidrigkeiten)第 11 条第 2 项:"Fehlt dem Täter bei Begehung der Handlung die Einsicht, etwas Unerlaubtes zu tun, namentlich weil er das Bestehen oder die Anwendbarkeit einer Rechtsvorschrift nicht kennt, so handelt er nicht vorwerfbar, wenn er diesen Irrtum nicht vermeiden konnte.(行为人行为时,对所为不法行为无认识,尤其是不认识法规存在或其适用时,且此项错误系不能避免者,其行为不处罚。)";译文参见廖义男等:《行政不法行为制裁规定之研究:行政秩序罚法草案》,"行政院"经济建设委员会健全经社法规工作小组 1990 年版,第 281 页;另参陈清秀:《税法总论》,台湾翰芦图书出版有限公司 2001 年版,第 586 页。

第四章　扣缴义务人处罚之实务问题研析

动。六、县长临时交办事项"等与学校有关之工作性质,未与"督学"工作性质一概视之。被告恣认萧××工作性质与"督学"性质类似而概以"类推适用"该"财政部"函释,洵有未洽之处。

二、课税乃限制或拘束人民财产,倘就萧××所调任台南县政府教育局借调教师一职课税,自应有法律位阶者为据,以符"依法行政"原则;被告以"财政部"解释函"类推解释"此等法制上薄弱理论推论原告应予处罚,殊有悖背依法行政原则、违宪等情。三、揆诸全国各国民中小学,教师调任县市政府任职,概依原任教职时,享有《所得税法》第4条第2款优惠,而予以免税,致令调任县市政府任职之教师,依此而生"虽非实际任教职而调任县市政府职务,亦享有《所得税法》第4条第2款免税优惠"之信赖,而此信赖客观上亦足推认,而行政机关依法行政,自当恪遵此"信赖原则";且被告未详闻原告及萧××意见,专恣处分,着难令人心生信服之念,该处分似有悖情、悖理之处。

三、萧××调任台南县政府任教育国语指导员乙职,休假概依"行政院"人事局所排定假日,寒暑假期仍须按例上班,若亦仍须课税,则就原任教职寒暑假期毋须上课亦得免税,而现任县府教育局国语指导员职仍须上班又课予税捐,首揭"财政部"解释函及该局处分函,于情、于理、于法殊有商榷余地。

四、退步言之,倘萧××确无《所得税法》第4条第2款免纳所得税优惠,萧××当依所定办理申报手续,原告须办理扣缴手续者,罚锾与否多寡,祈请详酌全国各县市原任教职调任县市政府任职之教师,概均享有《所得税法》第4条第2款免课所得税之优惠情事,暂缓处以罚锾。

第三目　被告主张——系争薪资属应扣缴所得且原告有过失

被告以国中教师已从事非教职之工作,其薪资即非免税。原告无信赖保护之情事,其未依法扣缴,是有过失。

一、萧××虽占学校缺额,并由学校给付薪资,惟其既已借调至台南县政府教育局担任国语指导员,系从事教育行政工作,而非实际从事教职之工作殆无疑义,按《所得税法》第4条第2款规定国民中学之教员薪资免纳所得税,依立法意旨,自应以实际受聘从事教职工作为要件,倘其已从事非教职之工作,即不在免纳所得税,至"财政部"1996年台财税第851893891号函释①,乃"财政部"本于财税主管机关之职权,就《所得税法》第4条第2款国民中、小学教员之薪资免纳所得税之立法意旨所作解释,旨在阐明法条之真意,使条文得为正确之适用,并未于法律规定外,另行创设权利义务,是该解释并非限缩所得税法中有关国民中小学教员薪资免税之适用范围,亦无抵触所得税法之规定,又,国语指导员与督学工作性质虽非相同,惟其均非实际从事教职并无二致,故有前揭"财政部"函释之适用。本件原告系台南县立白河国民中学之主办会计,亦即《所得税法》第89条规定之扣缴义务人,是依前述说明,萧××之薪资所得既非免税所得,则原告自应于给付时,依《所得税法》第88条第1项第2款规定扣缴税款始为适法,原告既未依法办理扣缴,被告依《所得税法》第114条规定科处罚锾,尚难谓违反"依法行政"原则。

二、按主张信赖保护原则者,须相对人有值得保护之信赖,盖任何人不得因自己之违法行为而获得利益,又本件原告系对《所得税法》第4条第2款之误解并为扩大解释,非因法无规定而以其信赖习以为法,是不得以其误解而主张信赖保护。又原告诉称被告于查获时须事先函文令其有所申辩,未详闻其意见专恣处分,有悖情理一节,查现行税法尚无通知申辩之规定,本件依查获之违章事证,依法裁处罚锾并无未洽之处,原告倘有不服,尚可依税捐稽征法规定循行政救济途径以资救济。另原告诉称各县市原任教职调任县市政府任职之教师,均享有《所得税法》第4条第2款免纳所得税优惠情事请暂缓处罚一节,查其他类似之教员应否课税系属另案核课之问题与本案无涉,尚难以此为由而可暂缓处罚。是原告所诉各节,核无足采。

第四目 行政法院见解——系争薪资属应扣缴所得但原告无过失

"最高行政法院"认为原告未为扣缴税款之行为是否有故意或过失之可归责要件,尚非无探究之余地,故撤销原处分由被告详查后,另为适当之处分,理由兹详述如下:

一、原告不服被告按应扣未扣税额科处1倍罚锾,申经复查结果,以萧××虽占学校缺额,并由学校给付薪资,惟其既已借调至台南县政府教育局

---

① "财政部"1996年台财税字第851893891号函:"主旨:国民中学或国民小学教员担任各市政府教育局聘任督学,其所领薪资核无《所得税法》第4条第2款免纳所得税规定之适用,应依法核课综合所得税。请查照。说明:……二、《所得税法》第4条第2款免税规定之适用,不以受聘教员之任用资格为认定标准,应以实际受聘国民中学或国民小学教员担任各县市政府教育局聘任督学,虽占有学校教师缺额,惟既未实际担任国民中学或国民小学教职,其所领之薪资,应无《所得税法》第4条第2款免纳所得税规定之适用。"

第四章 扣缴义务人处罚之实务问题研析

担任国语指导员，系从事教育行政工作，而非实际从事教职之工作，按《所得税法》第4条第2款规定国民中学之教员薪资免纳所得税之立法意旨，自应以实际受聘从事教职工作为要件，倘其已从事非教职工作，即不在免纳所得税之范围，至"财政部"1996年台财税第851893891号函释："《所得税法》第4条第2款免税规定之适用，不以受聘教员之任用资格为认定标准，应以实际受聘国民中学或国民小学教员为课、免税之依据。故国民中学或国民小学教员担任各县市政府教育局聘任督学，虽占有学校教师缺额，惟既未实际担任国民中学或国民小学教职，其所领之薪资，应无《所得税法》第4条第2款免纳所得税规定之适用。"系就《所得税法》第4条第2款国民中、小学教员之薪资免纳所得税之立法意旨所作解释，旨在阐明法条之真意，并未于法律规定外另行创设权利义务，尚难谓违反"依法行政"原则。

二、主张信赖保护原则者，须相对人有值得保护之信赖，本件原告系对《所得税法》第4条第2款之误解、尚不得以其误解而主张信赖保护，另现行税法规定尚无通知申辩之规定，是依查获之违章事证、依法裁处罚锾并无不合，又其他类似之教员应否课税系属另案核课之问题，非本件所得审究，乃未准变更一再诉愿决定亦递予维持，虽非无见。然查"国民学校护士系负责学童保健工作，应属国民学校之职员，如经核准任用有案，不论其为编制内或编制外，均应准予依照《所得税法》第4条第2款免纳所得税"、"国民学校保健员如系经主管机关核准约雇，可认属国民学校之职员，其薪资所得可依《所得税法》第4条第2款规定免纳所得税"及"托儿所、幼儿园、国民小学、国民中学、私立小学及私立初级中学之工友，如经核准任用或聘雇有案者，不论其为编制内或编制外，均应准予依照《所得税法》第4条第2款免纳所得税"等情，亦分别为"财政部"1976年台财税第32589号函①、1977年台财税第36317号函②，以及1980年台财税第34467号函释有案③。则有无《所

---

① "财政部"1976年台财税字第32589号函："国民学校设士系负责学童保健工作，应属国民学校之职员，如经核准任用有案，不论其为编制内或编制外，均应准予依照《所得税法》第4条第2款免纳所得税。"

② "财政部"1977年台财税字第36317号函"主旨：国民小学保健员，如系经主管机关核准任用，其取自该校之薪资所得，可依《所得税法》第4条第2款规定免纳所得税。说明：二 国民学校保健员如系经主管机关核准约雇，可认属国民学校之职员，其薪资所得可依《所得税法》第4条第2款定免纳所得税。"

③ "财政部"1980年台财税字第34467号函："托儿所、幼儿园、国民小学、国民中学、私立小学及私立初级中学之工友如经核准任用或聘雇有案者，不论其为编制内或编制外，均应准予依照《所得税法》第4条第2款免纳所得税。"

得税法》第 4 条第 2 款免税规定之适用似以实际任职于国中小学为依据，其是否为教职并非为必要之要件，亦即职员、护士、保健员、工友皆得免税，只要其经核准任用并实际于国中小学服务即有该款之适用。此观之"财政部"上开函释自明。是被告辩称有无《所得税法》第 4 条第 2 款之适用，系以实际受聘从事教职工作为要，即不无疑义。况且，《所得税法》第 4 条第 2 款仅规定"托儿所、幼儿园、国民小学、国民中学、私立小学及私立初级中学之教职员薪资"并未有类似"财政部"1996 年台财税第 85189389 号函释之限制，"财政部"本于主管机关之职权，虽得依立法意旨为适当之解释，惟租税法律主义在税务行政上，如同罪刑法定主义之于刑罚法律，是否宜以其他解释方法推翻文义解释，仍有待商榷；而且在解释结果可能有两种不同情况出现时，是否应适用"有怀疑即应为有利人民自由权利之认定"之罪疑惟轻原则，亦有加以斟酌之必要。

三、纵认"财政部"之上开函释为符合立法意旨所为之解释，原告不得因其误解法律而主张有信赖保护原则之适用，然在《所得税法》第 4 条第 2 款仅规定"托儿所、幼儿园、国民小学、国民中学、私立小学及私立初级中学之教职员薪资"而"财政部"嗣后以函释补充解释之下，虽行政主管机关就行政法规所为之释示，系阐明法规之原意，固应自法规生效之日起有其适用。但因人民违反法律上之义务而应受行政罚之行为，法律无特别规定时，虽不以出于故意为必要，仍须以过失为其责任条件（"司法院"大法官会议释字第 275 号解释参照）。

综上所述，本件原告未为扣缴税款之行为是否有故意或过失之可归责要件，尚非无探究之余地。原处分尚有可议之处，原告据以指摘，应认原告之诉为有理由，一再诉愿决定递予维持亦有未洽。爰将再诉愿决定、诉愿决定及原处分均予撤销，由被告详查后，另为适当之处分，以昭折服。

第五目　问题之分析

《所得税法》第 4 条第 1 项第 2 款："左列各种所得，免纳所得税：……二、托儿所、幼儿园、国民小学、国民中学、私立小学及私立初级中学之教职员薪资。……"究本条是否应以"实际受聘从事教职工作"为限，抑或"经核准任用并实际于国中小学服务"为限？自立法意旨观之，实无法窥其意旨。再者，观诸上揭行政法院所举财政部诸函释，亦无法得知其解释基准安在，遑论其解释函令有诸多相互抵触矛盾之处,更令人无所适从,有恣意解释之嫌①。再者,值得深思者为,扣缴义务人既非精研税法之人,纵为深谙税法与"财政部"相关函释,亦无法得知系争所得是否免税,扣缴义务人究应如何方可谓无过失?换言之,扣缴义务人应负何种程度之注意义务?

学者葛克昌氏认为:漏税罚之"过失"在于"租税法定构成要件已具备",而违反注意义务。此种注意义务应限于法律信息之注意义务,其重点在于有无期待可能性,其只存在于形式意义法律("立法院"三读通过,"总统"公布之法律)及实质意义法律(法规命令与自治规章),而不及于解释函令,对于解释函令之不认识,并非不知法律,而不能构成注意义务之违反,除非另有证据,否则难以认定有过失。故解释函令之违反,仅构成补税事由,而不能加以处罚②。

姑且不论,本案之纳税义务人虽具备国中教师资格,调任于台南县政府教育局,从事乡土语言(母语)、艺术教育之推广与辅导等与学校有关之工作性质,应否适用《所得税法》第4条第1项第2款规定应否免税。然本案之事实,与"财政部"各有效函释中之事实,迥不相同。强求扣缴义务人自国语指导员与督学工作性质中,推论得知系争所得系属课税所得,实属苛求,无期待可能性③。纵使本件原告尽善良管理人注意义务,谅必亦无法得知系争所得是否免税。亦不得以对于解释函令不认识,而认定构成注意义务之违反,径认原告有过失。本案虽属相关实务案例中,极少数肯认扣缴义务人无处罚之故意或过失,而撤销原处分之判决,然未于判决理由中宣示原告无过失,仅要求被告应另行调查,重为处分,稍有为德不卒之憾④。依新《行政诉

---

① 兹举二例以明之:一为关于"财政部"曾释示乡镇市村里托儿所保育员薪资免税(1981年/台财税第38190号函)然就儿童课后托育中心保育员薪资则不得免税(1994年台财税第831595736号函);二为中小学成立研习班给付外聘教师之钟点费免税(1992年台财税第810403489号函),惟就国小特教班给付外聘教师之钟点费则不得免税(1997年台财税第861907902号函)。

② 葛克昌:《解释函令与财税行政》,载《所得税与宪法》,台湾翰芦图书出版有限公司2003年版,第239页。

③ 黄茂荣:《构成要件错误、禁止错误与税捐处罚》,载《税法总论》(第1册),台湾植根法学丛书编辑室2002年版,第540页。

④ 本案虽为新《行政诉讼法》施行前已系属于"最高行政法院"(即改制前之行政法院),然于新法施行后(1999年7月8日施行)作成判决,依《行政诉讼法施行法》第2条:"新法施行后,于施行前已系属而尚未终结之行政诉讼事件,由'最高行政法院'依新法裁判之。如认起诉无理由者,应予驳回;有理由者,应为原告胜诉之判决或发交该管辖高等行政法院依新法审判之。"是故,"最高行政法院"应作成原告胜诉之判决或发交该管辖高等行政法院依新法审理原告是否有过失,不应由被告机关重新调查并重为处分,亦不应以旧《行政诉讼法》第26条而为原告胜诉判决。

讼法》第259条与第260条规定,经废弃原判决者,"最高行政法院"应自为判决或发回高等行政法院,不应要求被告机关应另行调查,重为处分。因采取职权探知主义之故,高等行政法院负有义务本于职权自行查明,使案件成熟达于可裁判之程度①,亦不得以事实调查不明或依法院判决意旨另为处分为由,而为撤销原处分或原决定之判决②,以符合"讼诉经济"与"纷争解决一次性"之要求③。

第三款　是否属应扣缴所得认定不同

第一目　案例事实——台北高等行政法院2000年诉字第2492号判决

原告为娃××的饮食店负责人,该行号承租坐落台北市××路二段239号一、二楼之房屋营业,而于1998年1月1日至同年12月31日间给付租赁所得计新台币780000元予房东陈××、陈××二人,原告未扣取税款78000元,被告遂依《所得税法》第114条第1款前段规定,按应扣未扣之税额处1倍罚锾78000元。原告不服,经复查与诉愿,诉愿决定驳回原告诉愿在案,原告遂提起本件行政诉讼。

第二目　原告主张——系争租赁所得无需扣缴且原告无过失

原告主张,租赁契约乃以个人名义订约,非以营利事业为名义订立,故给付租赁所得时无需扣缴,其主张如下:

一、原告(于1997年6月12日)与房东陈××、陈××二人订约时,乃系以个人身份订约,并无《所得税法》第92条规定之扣缴义务人身份。

二、房东陈××任职银行、对税法甚为熟悉,且房屋租赁契约亦至法院公证,不可能逃税,故陈××等人恐原告未依税法规定申报,乃主动要求自行申报及缴纳,则房东已有自行申报及缴纳税款之事实,何有违法可言?

三、本案行为罚之对象应为公司行号之负责人,而原告系个人订约,根本不应适用上开规定。而且房东本身也自愿代理原告为此行为,应无此不作为行政罚之适用。

第三目　被告主张——系争租赁所得应予扣缴且原告有过失

被告以租赁之标的既为该饮食店使用,虽以私人身份订约,仍应依法扣

---

① 陈清秀:《行政诉讼法》,台湾翰芦图书出版有限公司2001年版,第463页。
② 刘宗德、彭凤至:《行政诉讼制度》,载翁岳生主编:《行政法2000》(下册),台湾翰芦图书出版有限公司2000年版,第1231页;吴庚:《行政争讼法》,台湾三民书局1999年版,第183页。
③ 林明锵:载翁岳生主编:《行政诉讼法逐条释义》,台湾五南图书出版有限公司2002年版,第197页。关于民事诉讼法上"纷争解决一次性"之原理,见邱联恭:《司法之现代化与律师之任务》,载《司法之现代化与程序法》,台湾三民书局1992年版,第245页。

第四章　扣缴义务人处罚之实务问题研析

缴税款,兹详述如下:

一、本件原告为娃××的饮食店负责人,亦即《所得税法》第89条规定之扣缴义务人,该行号给付租赁所得时,就共计780000元之所得,原告未依法扣取税款78000元,所得人虽已将是项所得自行申报缴税,依首揭法条规定与"财政部"函释意旨,得免再责令扣缴义务人补缴,惟仍应依法处罚扣缴义务人。故得依应扣未扣之税额处1倍之罚锾78000元。

二、原告当年度给付租赁所得未依法扣缴税款,为其所不争,有其申明书附卷可稽,且依卷附各类所得资料申报书,原告既系行为时娃××的饮食店负责人,即为《所得税法》第89条规定之扣缴义务人,租赁之标的既为该饮食店使用,虽以私人身份订约,仍应依法扣缴税款。

第四目　行政法院见解——系争租赁所得应予扣缴且原告有过失

台北高等行政法院认为,非以营利事业名义订立租约,但租赁费用,已列入营利事账簿中,原告仍须扣缴,未为扣缴,即有过失,理由如下:

一、按依《所得税法》第88条第1项第2款及同法第89条第1项第2款之规定,事业所给付予他人之租金,应由事业负责人担任扣缴义务人,于给付时,依规定之扣缴率或扣缴办法扣取税款。本案之娃××饮食店既有办理税籍登记,当然属营利事业,原告又属事业之负责人,则娃××饮食店在给付第三人租金,并将此笔租金列入娃××饮食店之营业成本时,自应由原告担任扣缴义务人,扣缴税款,此与订立租约时使用何人名义,毫无关联性,是原告以"本案订立租约时使用自己名义"为由,主张其非扣缴义务人云云,于法难谓有据。

二、《所得税法》第92条所定"扣缴税款"之规范目的除了在确保税收外,也有就源扣缴,让政府能在申报前预先取得税款使用,以利财政调度之功能。而本案即使受领租金之房东事后有申报该笔1998年度之租金收入所得,并缴纳个人综合所得税。但由于原告未能预为扣缴,政府即无法在事前先行取得暂扣之税款来使用,是原告未为扣缴税款之消极不作为,当然有碍及国家之租税运用,而具备违法性。本案原告上开之消极不作为,已违反《所得税法》第114条第1款之规定,构成违章事实,原处分依法按其应扣未扣之税额课处其1倍之罚锾计78000元,即属有据,诉愿决定予以维持亦无违误,原告诉请撤销,为无理由,应予驳回。

第五目　问题之分析

按税法上所谓税捐规避(Steuerumgehung),乃对法律事实(法律行为、事实行为、准法律行为)形成自由之滥用。税捐规避之前提在于滥用私法自治,亦即以规避税法之强行规定为主要目的,为脱法行为中最常见之类型①。惟其规范之对象非对税法之滥用,而系对税法以外之法律所赋予之权利,而导致选择采用了与经济事项不相当之法律事实,并非对课税要件有所回避。盖税法重视为在于租税之负担及分配问题,所禁止者,是法律之规避②。是故,税捐规避之法律效果为,本于实质课税原则之精神,就事实上所选择之法形式,对于税法上之法律效果并无意义,取而代之者为事实上"未"被选择之适当法形式,作为课税基础③,非对于私法行为,评价为违反强行规定或公序良俗。再者,税捐规避本身不违法,故不构成不正当方式逃漏税捐罪④,亦因无违反真实义务之行为,而不应处以漏税罚⑤。准此,租税规避仍应同与经济上事实关系相当之法律上形成加以课税,但税捐规避本身不违法,原则上不得课以税捐秩序罚或逃漏税捐罚等加以处罚⑥。

《所得税法》第88条第1项第1款与同条项第2款规定:"纳税义务人有左列各类所得者,应由扣缴义务人于给付时,依规定之扣缴率或扣缴办法,扣取税款,并依第92条规定缴纳之:……二、机关、团体、事业或执行业务者所给付之……租金……之所得。"给付租金应予扣缴,其典型案例为当营利事业以其名义订立租约,并给付其营业租金时,固应扣缴。惟倘以自然人名义订立契约,供营利事业使用,则给付租金时是否应予扣缴,其非属常规交易型态,而系非典型之案例,上揭规定之文义范畴未能涵摄适用于本案事实。纵认原告有租税规避之事由,亦不得处罚原告,而认定其有故意或过失。且当税捐规避发生时,原告之认定所得不应予扣缴,而与税捐稽征机关之认定不同时,此种归摄主张之错误,其惟一之处罚即该主张不予采纳,此外无他⑦。

又前述之台北高等行政法院2002年诉字第23号判决事实中(见本书第二章第三节),原告所属公司先行将资本公积增资发行股票,旋即减资发还股金,滥用私法上形成法律事实形成之自由,以非常规交易型态给付股利

---

① 葛克昌:《租金管制与所得调整》,载《所得税与宪法》,台湾翰芦图书出版有限公司2003年版,第294页以下。
② 葛克昌:《租税规避与法学方法——税法、民法与宪法》,载《税法基本问题》,台湾月旦出版公司1997年版,第22页。
③ 陈清秀:《税法总论》,台湾翰芦图书出版有限公司2001年版,第241页。
④ 同上注,第243页。
⑤ 同前注②,第22页。
⑥ 同前注③,第246页。
⑦ 同前注②,第31页。

所得,并无违反真实义务(原告有申报证券交易税)。纵使本案为"税捐规避"欲规避所得税之课征,基于租税规避不具违法性,原则上不予处罚。原审似不应认定原告有故意,径认处以罚锾之处分为合法。再者,纵使本案非属税捐规避,原告已多次向被告申报及征询,被告并无告知应依法扣缴之观念通知,且被告亦详读相关解释函令,即便法律涵摄错误,亦肯认扣缴义务人未为扣缴,即有故意或过失,诚属苛酷。

第四款　扣缴义务人认定不同

第一目　案例事实——"最高行政法院"1999年判字第4234号判决

原告系祭祀公业陈××之管理人,亦即行为时《所得税法》第89条第1项第2款规定称之扣缴义务人,该公业于1991年12月23日、1993年1月5日及1994年7月29日给付洪××执行业务所得新台币一千万元、一千一百万元及五百万元,原告未于给付时依规定之扣缴率扣缴税款。案经被告查获,乃依行为时《所得税法》第114条第1款前段规定,按应扣未扣之税额,处1倍之罚锾计260万元。原告不服,循序提起行政诉讼。

第二目　原告主张——原告非扣缴义务人且无过失

原告认其虽为祭祀公业陈××之管理人,然祭祀公业非《所得税法》第88条第1项第2款之"团体",故其非扣缴义务人,理由如下:

一、被告系以原告为祭祀公业陈××之管理人未依《所得税法》第88条、92条扣缴支付洪××报酬之税款,予以课处罚锾。惟:1. 所谓"税法上权利能力,系指得作为税捐法上权利与义务的主体的资格或能力而言"。"有关税法上权利能力人,可分为自然人、法人、非法人团体、独资、合伙事业。"而台湾之祭祀公业并非法人,仅属于某死亡者后裔共同共有祀产之总称,其本身无权利能力,纵设有管理人,亦非所谓非法人团体,向来为"最高法院"等实务见解所采。故本件祭祀公业陈××,虽有于1991年起至1994年间陆续给付洪××二千六百万元之情形,然于法律规定上"公业"仅属共同共有祀产之总称,并非自然人、法人,亦非"非法人团体"或独资合伙之事业,应无税法上之权利能力,自非《所得税法》第88条第1项第2款所称"机关、团体、事业"等扣缴单位。

二、《所得税法》第88条第1项第2款所谓"机关、团体"应指同法第11条第3项之教育、文化、公益、慈善机关团体,而祭祀公业陈××,并未办理财团法人登记,仅系依民间习惯成立之祀产,为一财产共同共有之状态而已,并非任何机关团体组织,更非属上开教育、文化、公益、慈善之机关团体。因此所为之酬金给付,并非《所得税法》第88条规定所谓应办税金扣缴之所

三、扣缴义务人于依《所得税法》第88条、89条规定办理税款扣缴时，须于各类所得扣缴税额缴款书及各类所得扣缴暨免扣缴凭单上填载"扣缴单位"之"统一编号"、名称、地址等资料，故扣缴单位须在税捐机关设有"统一编号"，才有办法办理扣缴。本件"公业"仅属共同共有祀产之总称，显非《所得税法》第88条第1项各款所列之扣缴单位，同时"公业"每年仅有祭祖活动而无任何营业，故于给付酬金予洪××时，既未设有祭祀公业之"统一编号"，在未有"统一编号"之情况下，更无法办理税金扣款。《所得税法》相关规定既未规定祭祀公业此种祀产之共同共有状态为"扣缴单位"，殊不容行政机关以行政函释之方式扩大扣缴单位及扣缴义务人之范围，以损及人民之权益。

四、被告机关引用"财政部"1986年台财税第7530447号函释[①]，认祭祀公业陈××仍属《所得税法》第89条规定应办扣缴之单位。惟查：(1) 依上开函释说明二系称，"未办财团法人登记之祭祀公业，系依据民间习惯成立

[①] "财政部"1986年台财税字第7530447号函："主旨：核释祭祀公业之财产分配其派下员所有，关于其营利事业所得税及综合所得税之征免及核课方式。说明：

二、未办理财团法人登记之祭祀公业，系依据民间习惯成立之祀产，如无营利活动，仅有土地之收益或财产之处分收入，尚非《所得税法》第11条第2项规定之营利事业，应免课征营利事业所得税。(一) 祭祀公业之收益及孳息，倘有分配其派下共有人之情事，应以该受益之所得人为对象，由祭祀公业管理人依《所得税法》第89条第3规定，于每年1月底前，依规定格式列报所得人姓名、地址、国民身份证统一编号及实际分配之收益额，向主管稽征机关申报，分别归户计课综合所得税。(二) 祭祀公业之土地如被征收或出售，而将该补偿费或价款分配派下员或将祭祀公业名义之土地，变更为派下员名义所有者，各该派下员取得之财产非因继承、遗赠或赠与而取得，应无《所得税法》第4条免税规定之适用，祭祀公业管理应依前项规定列报，并由取得人按其他所得合并申报缴纳综合所得税。又更名登记取得土地公告现值，扣除预计之土地增值税后，按其净额并计派下员之综合所得总额课税。(三) 祭祀公业之土地全部或部分经出售或被政府征收后，纵未分配派下员，因已失其以祀产祭祀之原意，故亦应于取得价款或补偿费年度，祭祀公业管理人按比例依第(一)项规定规定列报稽征机关归户课征派下员之综合所得税。惟祭祀公业如决定捐赠成立财团法人，则不在此限。但应于移转登记前，检附派下员决议书向主管稽征机关报备，并于土地移转登记日后1年内，向主管机关办妥财团法人登记，逾期未办妥登记者，稽征机关应并入其取得价款或补偿费年度课征下员之综合所得税。本函发布前经出售或征收并已办妥移转登记而未分配予派下员者，于本函发布后1年内比照办理。

三、已办财团法人登记之祭祀公业，应依《所得税法》第71条之一、'行政院'颁《教育、文化、公益、慈善机关或团体免纳所得税适用标准》及其他有关之规定办理，其不合规定者，应予课征营利事业所得税。至派下员如有自该公业取得款项者应申报缴纳综合所得税。该公业仍应依本函说明二之(一)规定办理申报。

四、本函发布前之案件，已缴纳营利事业所得税确定者，不再变更，尚未确定而未缴纳或未开征之案件，应依本函规定予以补税免罚。本函发布后，稽征机关应加强追踪并辅导依上规定办理，以资便民。"

第四章　扣缴义务人处罚之实务问题研析

之祀产",换言之,"财政部"亦认未办财团法人登记之祭祀公业仅为祀产之共有状态,并未认定祭祀公业为《所得税法》第88条第1项第2款所称之"团体"。(2)至于上开函释另称:"祭祀公业之收益及孳息,倘有分配其派下共有人之情事,应以该受益之所得人为对象,由祭祀公业管理人依《所得税法》第89条第3项规定,于每年1月底前,依规定格式列报所得人姓名、地址、国民身份证统一编号及实际分配之收益额,向主管稽征机关申报,分别归户计课综合所得税"云云,均系针对祭祀公业有收益及孳息,而分配予派下共有人之情形应列单申报,所为之解释,与本件情况不同。(3)且上开函释亦仅称应依《所得税法》第89条第3项规定办理每年1月底前列单申报之程序,并未表示应办理扣缴税款之手续,更无法以此认定祭祀公业陈××给付洪××之酬金应办扣缴。盖《所得税法》第89条第3项之规定,系指公私机关团体、学校、事业或执行业务者每年所给付依前条规定"应扣缴税款之所得因未达起扣点",及"第14条第1项第9类之其他所得,因不属本法规定之扣缴范围",而"未经扣缴税款者",为加强课税资料之搜集,均应于每年1月底前将受领情形列单申报,故上开规定系针对依法毋须扣缴税款之情形,规范其列单申报之程序,与扣缴税款完全无涉。依上开法律之规定及"财政部"之函释内容,丝毫未提及祭祀公业是否为同法88条第1项第2款所称之应办理扣缴之"团体"。原处分机关引用上开函释作为祭祀公业给付酬金应办理扣缴之依据,显属无据。

五、依大法官释字第275号解释就行政秩序罚改采过失责任主义,即须违法之行为人在主观上有故意或过失时,始应受处罚,本件所得税扣缴案,就祭祀公业是否属于《所得税法》第88条第1项第2款所谓应予扣缴之"机关团体",法未明定,就连"财政部"所编列之"所得税法令汇编"内,就此亦从未表示其见解,应非上开所得税法所称之"机关团体",核其真正性质归属,尚有待法院做最后之确认始能够予以判定。纵有违反扣缴义务,原告于法而言,亦无故意过失可言,被告亦不应课予罚锾。

第三目　被告主张——原告为扣缴义务人且有过失

被告援引"财政部"函释认定祭祀公业为团体应办理扣缴,原告未为扣缴,是有过失,理由如下:

一、又按"……未办财团法人登记之祭祀公业……之收益及孳息,倘有分配其派下共有人之情事,应以该受益之所得人为对象,由祭祀公业管理人依《所得税法》第89条第3项规定,于每年1月底前,依规定格式列报所得人姓名、地址、国民身份证统一编号及实际分配之收益额,向主管稽征机关申报，分别归户计课综合所得税。……"为"财政部"1986年台财税第7530447号函所明释。

二、本案原告为祭祀公业陈××管理人，依上揭"财政部"函释规定，仍属《所得税法》第89条规定之扣缴义务人。该祭祀公业虽未办理财团法人登记，惟依据委托书该祭祀公业经全体派下员同意并成立管理委员，处理该公业土地事项，依首揭"财政部"1986年台财税第7530447号函释说明，未办财团法人登记之祭祀公业，就其收益孳息倘有分配予派下员时，应由祭祀公业管理人依《所得税法》第89条第3项规定依式填报扣免缴凭单，向主管稽征机关申报，显见未办财团法人登记之祭祀公业属所得税法规定之扣缴单位团体，至臻明确。原告诉称，被告援引该函释认定祭祀公业为团体应办扣缴于法无据一节，殊无足采。

三、另原告诉称洪××并非执行业务者，给付洪君之所得非为执行业务所得，应属其他所得，非属扣缴范围一节。经查本案该祭祀公业所给付之执行业务所得系因该祭祀公业管理委员会于1980年2月10日与洪××订定委托书，委任洪君处理该公业土地事项所生，洪君系工程技师，受委托清理土地，属行为时《所得税法》第11条第1项所称以技艺自力营生之执行业务者，祭祀公业陈××支付报酬时，原告未依同法第88条及第89条规定扣缴税款，且由原告出具陈报书及承诺书亦坦承不讳，另洪××于1997年4月1日补申报综合所得税时，亦以执行业务所得列报，是故，以原告未依规定扣缴税款而予裁处罚锾亦无不合。至原告诉称应比照"财政部"1963年台财税发第03164号函释私人间贷款给付利息，毋须扣缴一节[①]。查私人间贷款给付利息其给付人为个人尚非扣缴义务人，且与本案性质不同亦不相关，无法援引比照。

第四目　行政法院见解——原告为扣缴义务人且有过失

"最高行政法院"主张祭祀公业因设有管理人，故为《所得税法》第88条第1项第2款之"团体"，原告为扣缴义务人，未依法扣缴，故有过失，内容如下：

一、被告科处原告罚锾并否准原告之复查及一再诉愿维持原处分决

[①] "财政部"1963年台财税字第03164号函："要旨：私人间贷款给付利息毋需扣缴但应由取得人合并申报课税。全文内容：民间招募之合会，会员得标时所取得之金额，如超出其全部储蓄额，其差额部分即为利息所得。准查修正《所得税法》第89条第3款对于私人间借贷款项给付利息，并未定有扣缴义务，是上项利息所得，自不适用同法第88条扣缴税款之规定。此项利息所得，应由纳税义务人（即取得人）于年终办理结算申报时，合并申报课征综合所得税。"

定,系以:祭祀公业陈××虽未办理财团法人登记,惟不得据此免除其纳税或扣缴之义务,且依"财政部"1986年台财税字第7530447号函释,未办理财团法人登记之祭祀公业,系依据民间习惯成立之祀产,若有收益及孳息分配其派下共有人时,应以该受益之所得人为对象,由祭祀公业管理人依《所得税法》第89条第3项规定办理申报,是受托办理祭祀公业情事所受领之执行业务所得更无法避免,且扣缴之制定精神乃为掌握所得之事实而预先扣缴税款,以免所得者规避税负。本件祭祀公业陈××管理委员会于1990年2月10日委任洪××处理该祭祀公业土地事项,洪君系工程技师,受托清理土地,属行为时《所得税法》第11条第1项所称以技艺自力营生之执行业务者,原告亦出具陈报书及承诺书坦承不讳,洪君补报综合所得税时,亦以执行业务所得列报等语,为其所据,并认原告不服理由非可采,经核与首揭法律规定均无不合,故原处分复查决定及一再诉愿决定维持原处分,自无不当,应予维持。

二、祭祀公业拥有一定财产,并有多数之派下员,在社会上常以其名义从事一定之经济活动,实务上承认祭祀公业得为税捐之权利主体。《所得税法》第88条及第89条所指机关、团体或事业,通常包括非法人团体。故不论其为人合团体或资合团体,凡设有代表人或管理人,有一定之名称及一定之目的,并支配有一定之财产者,即得视为非法人团体,若对于执行业务者给付报酬时,依《所得税法》第88条规定有扣取税款之义务。本件祭祀公业陈××管理公业土地而从事一定之经济活动,设有管理人处理公业之财产,即得视为《所得税法》第89条第1项第2款之扣缴义务人,是祭祀公业因清理公业土地给付执行业务者洪××之报酬,身为该公业管理人之原告,自负有扣缴该税款之义务。又据洪××名片记载,其系名××土地重划开发股份有限公司总经理,有该名片附于原处分可稽。本件祭祀公业委请洪××清理公业土地工作,亦难谓非洪君执行业务之范围。又洪××所获报酬既系执行业务所得,应由扣缴义务人即原告于给付时扣缴10%税款,为《所得税法》第88条第1项第2款所明定,原告尚难以不知法律而主张免责,故其未依法扣缴应扣之税款,即难辞过失责任,从而原告前开诉辩尚非可采,其起诉意旨难认有理由,应予驳回。

第五目 问题之分析

《所得税法》第89条第1项第2款规定:"前条各类所得税款,其扣缴义务人及纳税义务人如左:二、薪资、利息、租金、佣金、权利金、执行业务报酬、竞技、竞赛或机会中奖奖金或给予,及给付在'中华民国'境内无固定营业场所或营业代理人之国外营利事业之所得,其扣缴义务人为机关、团体之责应扣缴单位主管、事业负责人及执行业务者……"本案之重点厥为祭祀工业是否属第89条第1项第2款所定之"团体"？又纵认祭祀公业为团体,本案原告未为扣缴即有过失？

祭祀公业是台湾法律史上重要的汉人家族团体,从清治时期即成立延续至今,是一个以祭祀祖先为主要目的,由享祀者之子孙所组成,且设有独立财产之宗族团体[①]。祭祀公业于日治时期,通说承认它为习惯法人[②],但自"中华民国"法律适用于台湾后,否定其民法上法人地位,成为派下财产之共同共有,成为"物"的集合总称[③]。

税法之解释与适用,无须拘泥于民法之法律形式,税法之解释应依税法之立法目的,本于实质课税原则,把握其实质意义加以观察而予以解释与适用。此乃大法官释字420号解释:"涉及租税事项之法律,其解释应本于租税法律主义之精神:依各该法律之立法目的,衡酌经济上之意义及实质课税之公平原则为之。"所持之观点。于税法之领域中,亦常以"无权利能力"作为公法上义务主体,例如《所得税法》第2条以"独资、合伙"作为营利事业所得税之课税主体[④]。是故,祭祀公业虽不具民法上之权利能力,然亦可作为税法上税捐义务主体,而成为《所得税法》第89条第1项第2款所谓"团体"概念意义下之一个类型[⑤]。

本件,祭祀公业为《所得税法》第89条中"团体"一词所涵括,已如上述。再者,团体之"责应单位扣缴之主管"一词亦得涵括祭祀公业"管理人"一职,原告于给付执行业务所得时,应依法予以扣缴。

---

① 陈薇芸:《祭祀公业课税之实务问题研究》,台湾翰芦图书出版有限公司2003年版,第24页以下。

② 昭和二年五月十三日高等法院上告部判决集第280第之判例。转引自陈薇芸:同上注,第30页。

③ "最高法院"1950年台上字第364号判例。

④ 葛克昌:《人民有依法律纳税之义务——以大法官会议解释为中心》,载《税法基本问题》,台湾月旦出版公司1997年版,第173页;黄茂荣:《税捐之构成要件》,载《税法总论》(第1册),台湾植根法学丛书编辑室2002年版,第267—268页。

⑤ 大法官于释字第468号解释,对《商标法》第37条第11款前段所称"其他团体",系指自然人及法人以外其他无权利能力之团体而言,其立法目的系在一定限度内保护该团体之人格权及财产上利益。自然人及法人为权利义务之主体,固均为"宪法"保护之对象;惟为贯彻宪法对人格权及财产权之保障,非具有权利能力之"团体",如有一定之名称、组织而有自主意思,以其团体名称对外为一定商业行为或从事事务有年,已有相当之知名度,为一般人所知悉或熟识,且有受保护之利益者,不论其是否从事公益,均为商标法保护之对象,而受"宪法"之保障。

然原告未为扣缴是否得径认原告即有过失而得加以处罚？得否如被告机关所诉依"财政部"函释应予以扣缴，被告因不知该函释应认有故意或过失？本文以为，扣缴义务人之注意义务，只存在于形式意义法律及实质意义法律，而不及于解释函令，对于解释函令之不认识，并非不知法律，而不能构成注意义务之违反，故解释函令之违反，仅构成补缴事由，而不能加以处罚①。再者，行为人遂行其行为时，不知法规适用可能性，且欠缺避免错误之期待可能性时，其行为即不应处罚②。本件，"最高行政法院"就原告为何有过失，未置一词，且径认有过失，就扣缴义务人而言，实属过苛。

第五款　实务运作之盲点

自上开判决吾人可知，所得税法关于扣缴义务规定不仅多如牛毛，且法文深奥难以理解。复以，案例事实态样千变万化，所得给付人之营运模式、系争所得给付之名义，亦因时地等诸多因素而异其型态与名义，尤其无行政先例之非典型案例，如何将法规涵摄于系争事实中，正确适用法令，尤属困难。纵使熟谙税法之专业人士，或税捐稽征机关所属公务员，于非典型案例中，亦未能期待正确无误地适用法令③，遑论多属法律之门外汉的扣缴义务人。姑且不问有权机关之见解是否正确，扣缴义务人常因与有权解释机关之见解不同，扣缴义务人对于所为不法行为无认识，尤其是不认识法规之适用，因而，经常发生学说上所谓禁止错误（Verbotsirrtum）④之情形。

又因释字275号解释之适用，凡违反扣缴义务所为之处罚，采推定过失主义。然"在具体事件中行为人有无过失，仍须依事实认定之，而事实之认定，则应凭证据。如不以证据认定有无过失之事实，其结果可能形成无过失

---

① 葛克昌：《解释函令与财税行政》，载《所得税与宪法》，台湾翰芦图书出版有限公司2003年版，第239页。
② 陈清秀：《税法总论》，台湾翰芦图书出版有限公司2001年版，第587页。
③ 自国民中、小学教职员薪资免税之判断标准之解释函令中，吾人即可得而知，税捐稽征机关根本无一明确判断标准，多属恣意地认定。倘未有行政先例，纵使税捐稽征机关所属公务员，仅能按行政指示决定是否课税，亦无从于扣缴义务发生时，依当时有效之法令与函释，推论出税捐稽征机关之决定。
④ 〔德〕Mösbauer, Steuerstraf-und Steuerordnungs-widrigkeitenrecht, 1989, S. 203. 关于禁止错误之说明，中文文献可参考黄茂荣：《构成要件错误、禁止错误与税捐处罚》，载《税法总论》（第1册），台湾植根法学丛书编辑室2002年版，第529页以下；李惠宗：《行政法要义》，台湾五南图书出版有限公司2004年版，第514—515页。

亦受处罚"①,行为人负几近无过失责任。再加上,实务操作上不问扣缴义务人是否具备期待可能性,强求扣缴义务人负较民法上抽象轻过失更高之注意义务标准,作为认定有无过失之标准,显有过于苛酷之处。

对于上揭判决所暴露实务运作上不合理之处,本书以为解决之道在于:

一、人民无认识解释函令的义务,亦不得以违反解释函令而受处罚

由于税法条文内容抽象与不完整,不仅法文艰涩难懂,且多如牛毛,复由于事实态样千变万化,尤其在非典型案例时,甚难期待扣缴义务人可正确适用法令,行政法院于审理该非典型案件,应以一般人之注意标准,并辅以熟谙税法之专业人士角度观察,认定扣缴义务人于给付时是否有期待可能性地正确适用法令,而非一味依循被告机关之见解,凡未履行扣缴义务者即须处罚。尤其是行政机关与行政法院对于同一税法规定的解释结果有不一致的情形。尤甚者,行政法院不应以自创之"原则应予扣缴,例外可免扣缴"之原则,认定扣缴义务人对于有疑义之所得,应作应予扣缴之解释,倘违反者,即得推定有过失②,弃纳税义务人与扣缴义务人之基本权于不顾。

---

① 大法官杨建华于释字275号解释提出不同意见书,杨建华氏即提出:"……惟在具体事件中行为人有无过失,仍须依事实认定之,而事实之认定,则应凭证据。如不以证据认定有无过失之事实,其结果可能形成'无过失亦受处罚',使'以过失为其责任条件'而受处罚之解释美意,流于空谈。若为衡量社会秩序之维持或公共利益之增进,于确有必要范围内,就若干应受行政罚之行为,推定其有过失,如行为人主张'无过失'者,则由其负举证(反证)责任,虽非不得以法律作适当之规定。惟过失之推定,必须斟酌各个应受行政罚行为之性质,在各该法律中就有必要之部分分别明文规定,始足保障人民之权利。本件解释既应受行罚之行为,'以过失为其责任条件',又认在某种概括情形下得径行'推定为有过失',亦即在该情形下,不凭任何证据,可径行认定为有过失。按'违反禁止规定或作为义务'应受行政罚之规定,在行政法中极为广泛,执行稍有偏差,仍足使人民于无过失时无辜受罚,将使本件解释揭示之美意不能贯彻。……"此一见解,实值赞同。

② 台北高等行政法院2002年诉字4252号判决理由,判决理由节录如下:"五、本件原告未予扣缴是否有过失?

原告主张:连税捐稽征主管机关均不知应以何条款课原告予扣缴义务,自不能苛责原告应事先知悉并予扣缴,原告显无过失等语,惟如上所述,依《所得税法》第2条及第3条规定,凡属台湾地区来源所得,原则上均应依法课征所得税并依法扣缴,仅在特殊例外之情形下始有免课所得税及免予扣缴之适用,本件被告之原处分(1998年1月14日财北国税大安财字第141586431529号函附三份处分书及罚锾缴款书)及处分被撤销后所为之二次复查决定虽均以系争所得属《所得税法》第8条第6款规定之权利金所得,嗣复查决定再经撤销后始认定系争所得为第8条第11款之在台湾地区境内取得之其他收益,惟无论系争所得系属《所得税法》第8条之何款所得,依法均应课征所得税并依法扣缴,被告前后认定系争所得属不同条款之所得,仅系法律见解之变更,惟并未变更原告依法应予扣缴之结果,实际上对于原告之权益尚不生影响,且依'原则应予扣缴,例外可免扣缴'之原则,该应予扣缴之结论亦非原告所不能预见,参照司法院释字第275号解释:'……但应受行政罚之行为,仅须违反禁止规定或作为义务,而不以发生损害或危险为其要件者,推定为有过失,于行为人不能举证证明自己无过失时,即应受处罚。……'之意旨,原告既违反原则上应依法扣缴之作为义务,依上开解释,即可推定为有过失,原告主张,尚属无据。"

第四章 扣缴义务人处罚之实务问题研析

再者,扣缴义务人之注意义务,只存在于形式意义法律及实质意义法律,而不及于解释函令,对于解释函令之不认识,并非不知法律,而不能构成注意义务之违反,故解释函令之违反,仅构成补缴事由,而不能加以处罚[①],不得以扣缴义务人之法律意见与被告机关相左,即认定有不法意识[②]。例如于"最高行政法院"2000年判字第945号中,被告强求扣缴义务人得自解释函令中关于督学之薪资所得是否免税函释中,基于平等原则,得推论出系争薪资应予扣缴;于1999年判字第4234号判决中,"最高法院"之判决结果,即变相强求原告须自被告要求祭祀公业须申报每年孳息分配情形之解释函令中,得出祭祀公业管理人为扣缴义务人。再者,行为人遂行其行为时,不知法规适用可能性,且欠缺避免错误之期待可能性时,其行为即不应处罚[③]。

又,税捐规避本身不违法,故不构成不正当方式逃漏税捐罪[④],亦因无违反真实义务之行为,而不应处以漏税罚[⑤]。准此,租税规避仍应同与经济上事实关系相当之法律上形成加以课税,但税捐规避本身不违法,原则上不得科处税捐秩序罚或逃漏税捐罚等处罚[⑥],否则,即为对于人民享有私法形式选择权利之处罚,不当侵害人民"宪法"第22条所保障之契约自由[⑦],该处罚应认"违宪"。

二、违反扣缴义务之处罚不应有释字275号中推定过失责任之适用

释字第275号解释:"人民违反法律上之义务而应受行政罚之行为,法律无特别规定时,虽不以出于故意为必要,仍须以过失为其责任条件。但应受行政罚之行为,仅须违反禁止规定或作为义务,而不以发生损害或危险为其要件者,推定为有过失,于行为人不能举证证明自己无过失时,即应受处

---

① 葛克昌:《解释函令与财税行政》,载《所得税与宪法》,台湾翰芦图书出版有限公司2003年版,第239页。
② 黄茂荣:《构成要件错误、禁止错误与税捐处罚》,载《税法总论》(第1册),2002年版,第545页。
③ 陈清秀:《税法总论》,台湾翰芦图书出版有限公司2001年版,第587页。
④ 同上注,第243页。
⑤ 葛克昌:《金钱给付及其协力义务不履行与制裁》,载《所得税与宪法》,台湾翰芦图书出版有限公司2003年版,第101页。
⑥ 陈清秀:同前注③,第246页。
⑦ 大法官释字第576号解释,解释文首段:"契约自由为个人自主发展与实现自我之重要机制,并为私法自治之基础,除依契约之具体内容受'宪法'各相关基本权利规定保障外,亦属'宪法'第22条所保障其他自由权利之一种。惟国家基于维护公益之必要,尚非不得以法律对之为合理之限制。"

罚。"此一推定过失责任之立法例,系仿自奥国之立法例①,比较法上并不多见,与严格的人权保障要求并不一致,且为适应台湾地区法制不备之过渡阶段,毋宁为例外,原则上仍应由行政机关负故意或过失之客观举证责任,故释字第 275 号解释关于推定过失责任,适用上应更为严谨。再者,"仅需违反禁止规定或作为义务,而不以发生损害或危险为其要件者",乃属"不服从犯",例如,《道路交通管理处罚条例》第 41 条汽车驾驶按鸣喇叭不依规定者,应处新台币 300 元至 600 元罚锾之规定等,因其情节轻微,故解释意旨将举证责任转换由行为人负担②。然违反扣缴义务之处罚,依应扣未扣或短扣税额 1 倍或 3 倍处罚,或依应扣缴税额或给付金额之一定比例处罚,且处罚无金额上限,导致实务上之处罚,最轻至少处新台币 4500 元③,动辄上万元,处罚百万元以上者,亦为常事。是故,违反扣缴义务之处罚,非属情节轻微,应无释字第 275 号解释之适用,方符保障人权之旨。否则,与漏税罚之行为人相较,后者,乃对于致生逃漏税捐结果者处罚,无释字 275 号解释之适用,然两者处罚方式皆属相同,罚锾之金额亦动辄上万元,竟有不合理之差别待遇,有违平等原则。

然扣缴义务,仅基于稽征便利且为确保税源之目的,将原属国家税捐稽征事务,透过法律强制规定方式,使扣缴义务人负担扣缴义务,竟须负担较善良管理人更高之注意义务标准,依旧过于苛酷,应否降低扣缴义务人之注意义务程度方属"合宪",不无疑问。

第三项 德国法之分析

第一款 违反扣缴义务之处罚规定

德国法上,对于扣缴义务人违反扣缴义务,除有责任债务外,亦有税捐刑罚(AO §370)与税捐秩序罚(AO §378、§380)之处罚规定。雇主或受雇人如故意就税捐重要事项为不正确或不完备说明致生短漏税捐者,或为自己或他人获得不当税捐利益者,依《税捐通则》第 370 条第 1 项第 1 款规定,构成逃漏税捐罪(Steuerhinterziehung)④。

税捐义务人(Steuerpflichtiger)或执行税捐义务事务之人

---

① 吴庚:《行政法之理论与实用》,台湾三民书局 2003 年版,第 470 页。
② 同上注,第 470 页。
③ 《所得税法》第 114 条第 2 款。
④ 〔德〕Franzen/Gast/Joecks, Steuerstrafrecht, 5. Aufl. 2001, S.216.

第四章　扣缴义务人处罚之实务问题研析

(Wahrnehmung der Angelegenheiten eines Steuerpflichtigen),因重大过失(leichtfertigkeit)而有《税捐通则》第370条第1项所规定之行为者,得处以欧元5万元以下罚锾。而所谓税捐义务人依《税捐通则》第33条之规定,即负担税捐债务,负担税捐债务担保责任,应为第三人之计算收取并提缴税捐,以及应申报税捐,提供担保,制作账册及会计记录或履行税法所规定之其他义务人,包含税捐义务人、税捐责任债务人、税捐缴纳义务人等[①]。另所谓执行税捐义务事务之人,系指协助税捐义务人处理其税捐事务之人,例如会计人员等[②]。

又,《税捐通则》第380条规定:"因故意或重大过失未履行、未完全或未准时履行扣留及缴纳税捐扣缴额之义务者,其行为违反秩序。违反秩序之行为不能依第378条之规定处罚者,得科处欧元25000元以下罚锾[③]。"惟值得注意者为,本条对于《税捐通则》第370条及第378条有补充性原则之适用,须本条第1项所规定之行为,不能依《税捐通则》第370条与第378条规定处罚时,始得依本条处罚[④]。本条适用于薪资税扣缴(§§38—42f EStG)、资本利益税(§§43—45b EStG)、对限制纳税义务人之就源扣缴(§50a EStG)以及营业税扣缴(§18Abs.8 UStG)程序之情形[⑤]。本条于客观构成要件要素上,仅为空白法律(Blankettgesetz),须透过特定法条填补构成要件要素,换言之,依本条处罚时,不仅须符合本条规定,亦须符合各别不同的法条之规定,例如,薪资税扣缴(§§38—42EStG)、资本利益税扣缴(§§43—45EStG)、对限制纳税义务人之就源扣缴(§50a EStG),方得依第380条加以处罚[⑥]。

职是,雇主或资本利益之债务人倘因故意或重大过失未扣留且缴纳扣缴税款,或未完全或未准时扣留且缴纳扣缴税款,即该当本条处罚。值得注

---

① 〔德〕Tipke/Kruse, Abgabenordnung Finanzgerichtsordnung, 2002, §33, S.4 ff.中文资料,请参阅《德国租税通则》,陈敏译,"财政部"财税人员训练所1985年3月,第40页以下。
② 同上注,第409页。
③ AO §380:"(1) Ordnungswidrig handelt, wer vorsätzlich oder leichtfertig seiner Verpflichtung, Steuerabzugsbeträge einzubehalten und abzuführen, nicht, nicht vollständig oder nicht rechtzeitig nachkommt.
(2) Die Ordnungswidrigkeit kann mit einer Geldbuße bis zu fünfundzwanzigtausend Euro geahndet werden, wenn die Handlung nicht nach §378 geahndet werden kann."译文参照《德国租税通则》,陈敏译,"财政部"财税人员训练所1985年3月,第413页。
④ 〔德〕Franzen/Gast/Joecks, a.a.O., S.586.
⑤ 〔德〕Mösbauer, a.a.O., S.222.
⑥ 〔德〕Franzen/Gast/Joecks, a.a.O., S.586.

意者为,不正确或未完整的履行扣缴税申报义务不构成本条处罚规定。违反扣缴税之申报义务,则可能构成本法第 370 条税捐逃税漏罪或第 378 条重大过失短漏税捐之处罚[1]。

第二款 故意或重大过失

第一目 故意

以《税捐通则》第 380 条为例,本条处罚之责任要件以故意与重大过失为要件。行为人是否意图获取财产利益或损害他人,在所不问。所谓故意,于学理上得区分为直接故意(Direkter Vorsatz)与间接故意(Bedingter Vorsatz)。前者系指行为人有意识(Wissen)且有意(Wollen)使构成要件事实实现。后者则为行为人有意识构成要件事实,且对于构成要件事实之实现认为有可能发生,并容忍其结果之发生[2]。

第二目 重大过失

而所谓重大过失(leichtfertigkeit)仅意指过失程度之提高,且相当接近故意之程度[3],因而,重大过失无具体固定之内容,故其判断方式须视具体个案情况决定,以及自行为人之罪责(Schuld)判断之[4]。是故,文献上关于重大过失之具体认定方式大致如下:

倘雇主因处于十分漠视之情况,因而不知悉其薪资税扣缴义务。凡未监督执行扣缴义务之职员或助手皆应肯认有重大过失,盖扣缴义务人至少于期待可能性之范围内得透过偶然的控制,获得关于是否执行扣缴义务之职员或助手是否依法完成扣缴义务的确信,扣缴义务人不得以职员或助手值得信赖为理由,而加以免责[5]。惟当行为人将税捐事务之履行移转予其同事,且依据具体个案情况已适当采取监督措施(Überwachungsmaβnahmen),则行为人无重大过失[6]。

雇主不得以给付障碍(Zahlungsschwierigkeiten)为由排除责任

---

[1] 〔德〕Mösbauer, a.a.O., S.223.

[2] 〔德〕Mösbauer, a.a.O., S.202.

[3] 〔德〕Mösbauer, a.a.O., S.25.德国刑法上通说认为重大过失与以客观标准而做认定的民法上之重大过失相当, Vgl. 〔德〕Samson in: SK StGB, 1981, Anh zu §16 Rn. 14 转引自林山田:《刑法通论》(下册),台湾台大法学院图书部 2003 年版,第 169 页。

[4] 〔德〕Franzen/Gast/Joecks, a.a.O., S.539.

[5] BGH v. 3.6.1945, BStBl. I 1955, 359 转引自〔德〕Franzen/Gast/Joecks, a.a.O., S.595.

[6] BFG v. 27.11.1990, BStBl. 1991, 2646. 转引自〔德〕Franzen/Gast/Joecks, a.a.O., S.594.

第四章　扣缴义务人处罚之实务问题研析

(Schuld)，至多仅得于裁罚程序加以斟酌考量①。依《所得税法》第38条第4项规定，当雇主不足以现金支付薪资税时，受雇人应补足之，或雇主自受雇人其他收入中扣除不足之金额。受雇人未履行补足之义务，且雇主无法自受雇人其他收入中扣除不足之金额时，应向管辖税捐稽征机关报告，由管辖税捐稽征机关令受雇人补缴(Nachforderung)，则得加以免除其科处罚锾②。

第三款　小结

综上所述，雇主或资本利益之债务人倘因故意或重大过失未扣留且缴纳扣缴税款，或未完全或未准时扣留且缴纳扣缴税款，即该当第380条客观构成要件。惟未包含不正确或未完整的履行扣缴税申报义务之不法。吾人亦可得知，德国法上对于扣缴义务人，甚至就纳税义务人而言，对于税捐刑事处罚与税捐秩序罚之主观构成要件，皆以故意或重大过失为要件。与责任裁决之作成前，应考量扣缴义务人有无故意或重大过失之情形相仿。绝非如同台湾地区法上，以推定故意或过失为要件。至于雇主未监督执行扣缴义务之职员或助手，因雇主有监督之期待可能性，得肯认雇主有重大过失，雇主不得以信赖所属职员，精通税法，而主张自己无故意或重大过失。

第四项　以比例原则与平等原则审查

税捐稽征原属国家应自行执行之事务，今因为确保税收来源，稽征之便利与必要，课予扣缴义务人扣缴义务，并于扣缴义务人违反扣留与缴纳义务时，另课予以扣缴义务人自己本身财产为担保，负补缴应扣未扣或短扣税款之补缴责任。因而，国家之税收损失之可能性即大幅降低。惟立法者于补缴责任外，复课予扣缴义务人应扣未扣或短扣，以及应申报(或填发)而未履行申报义务(或填发义务)之税捐秩序罚，扣缴义务人之责任不可谓不重。从而，扣缴义务应采严格审查标准之观点，其要件应更为严格谨慎，始具有合理正当性。

就税捐秩序罚之主观构成要件要素上，立法者不论以"无过失为要件"、"推定故意或过失为要件"、或"以故意或重大过失为要件"，虽皆具有督促扣缴义务人履行公法上义务之功能，符合适当性原则。惟扣缴义务人非娴熟税法之人，课予过高之注意义务，无助于督促其履行义务之期待可能性，故基于应采最小侵害手段之必要性原则考量，应以扣缴义务人具有故意或重

---

① LG Stuttgart v. 2.4.1951, FR311 转引自〔德〕Franzen/Gast/Joecks, a.a.O., S.595.
② 〔德〕Mösbauer, a.a.O., S.25.

大过失为限，方得处罚。反之，扣缴义务人依现行法，须负几近无过失责任，采取之手段与所达成之目的间不仅显失均衡，未具有合理与适度的关系，且有不问手段一味确保税收来源与行政秩序之嫌。

再者，扣缴义务不具有对价性，扣缴义务人负一无偿之义务，复课予其过重之补缴责任与过高之注意义务之税捐秩序罚，将导致扣缴义务人负担过重之义务，与未担任扣缴义务人之自然人或法人相较，明显逾越社会所忍受之范畴，倘不予补偿，亦违反"负担平等"原则。

第五项 本书见解——应以故意或重大过失为要件

税捐稽征机关依《所得税法》第114条、同条之1及第111条等，处罚扣缴义务人，依释字第275号解释见解，应推定为有过失，行为人须举证证明自己为无过失，否则即应受处罚。准此，可谓对于扣缴义务人之处罚，课予几近于无过失责任；且实务上对扣缴义务人之处罚，几乎不问扣缴义务人之过失程度①，凡违反第88条规定者，一律依第114条处罚。然本书以为，从扣缴义务应采严格审查标准之观点，其要件应更为严格谨慎，始具有合理正当性之观点。不仅不应采取推定过失主义，对于扣缴义务人处罚之主观责任要件，则应仅限于故意与重大过失②，此于比较法之立法例上，亦有所据。反之，倘扣缴义务人负过重的注意义务，或采推定过失主义，皆属违反比例原则而有"违宪"之处。

然于立法增订前之过渡时期，税捐稽征机关于作成罚锾处分前，或行政法院于审酌扣缴义务人之主观构成要件事实之际，不宜过度要求扣缴义务人过高之注意义务，应降低过失程度之认定标准，原则上应采具体轻过失责任，盖税捐本质上系无对待性之公法给付义务，过失之责任，依事件之特性而有轻重，如其事件非予债务人利益"应从轻酌"之法理（《民法》第220条第2项参照），应与自己同一之注意义务已足③。

倘为确保税收来源，避免税收损失，立法者不应采取课予扣缴义务人过

---

① 笔者曾从司法院网站上"法学检索数据库"与"一二审判决书查询"，查询"最高行政法院"与"台北、台中、高雄行政法院"之判决，输入"扣缴 & 过失"之关键词，发现判决理由中甚少提及"过失"二字，故可得而知，似乎法院只问有无违法之客观事实，不问受处罚人主观上之过失，遑论提及过失程度。（网址为 http://wjirs.judicial.gov.tw/jirs/judge.asp 与 http://wjirs.judicial.gov.tw/jud12/ 造访日期：2002/12/16）

② 葛克昌：《综合所得税与宪法》，载《所得税与宪法》，台湾翰芦图书出版公司2003年版，第83页。

③ 同上注，第238—239页。

高之注意义务。为避免税收损失，解决之道在于，得参考德国《所得税法》第42条之5之立法例，税捐稽征机关，基于扣缴义务人之请求，查询系争所得是否应予扣缴，应予教示其法律见解之方式，以避免禁止错误之发生①。

第八节　营利事业故意或重大过失之认定方式

第一项　营利事业得否成为处罚对象

扣缴义务人应为营利事业本身，非营利事业负责人，已如前述。然营利事业组织型态多为股份有限公司、合作社、合伙组织等法人或非法人团体，则得否成为处罚之对象？进一步言之，法人或非法人团体如得成为处罚之对象，应如何认定其故意或重大过失？

台湾地区现行法制上，刑法法典对于法人之处罚并未加以规定，判例亦未承认法人有犯罪之能力，即不得为刑事被告②。惟于行政刑法中仍可见到不少科处法人罚金之规定。盖行政刑法之合目的的要素，强于固有刑法之伦理要素以及法人刑罚前提，并非对行为人人格之伦理非难，而系违法状态所产生之社会非难之故③，因而，肯认行政刑法得科处法人刑罚④。

至于在行政法规中以行政秩序罚处罚法人，通说持肯定之见解⑤，我地

---

① 〔德〕Franzen/Gast/Joecks, a.a.O., S.594.
② "最高法院"1940年上字第89号："法人除有处罚之特别规定外，尚难认为有犯罪能力，即不得为刑事被告。上诉人对某银行提起自诉，该银行既属法人，而所诉之犯罪行为，法律上又无对于法人处罚之特别规定，第一审不就程序上谕知不受理，竟进而为实体上审判，并将到案之银行经理谕知无罪，显属违法。"1965年台上字第1894号："法人为刑事被告，除有明文规定外，在实体法上不认其有犯罪能力，在程序法上不认其有当事人能力，故以法人为被告而起诉，其程序即属违背规定，应依《刑事诉讼法》第295条第1款(旧)为不受理之判决，与案件不得提起自诉而提起之情形迥异，不容相混。""司法院"院字第2115号(一)："被告就法人所提起之自诉，不得对法人之法定代理提起反诉，除法有处罚法人之特别规定者外，亦不得对于该法人提起反诉。"
③ 陈朴生：《法人刑事责任与"我国"立法之趋向》，载《刑事法杂志》第21期，1977年4月，第12页；洪家殷：《行政秩序罚论》，台湾五南图书出版有限公司2000年版，第90页。
④ 反对说，林山田：《刑法通论》(上册)，台湾台大法学院图书部2003年版，第177页。
⑤ 陈敏：《行政法总论》，台湾神州出版有限公司2003年版，第717页；洪家殷：同注③，第92页；吴庚：《行政法之理论与实用》，台湾三民书局2003年8月增订八版，第481页；林腾鹞：《行政法总论》，台湾五南图书出版有限公司2002年版，第548页；许宗力：《行政秩序罚的处罚对象》，载廖义男主持《行政不法行为制裁规定之研究：行政秩序罚法草案》，"行政院"经济建设委员会健全经社法规工作小组1990年版，第39页。廖义男：《行政处罚之基本争议问题》，载台湾行政法学会主编《行政救济、行政处罚、地方立法》，台湾元照出版有限公司2000年版，第291页。

区行政法上,不乏其例,且甚为普遍①。然而由于法人本身性质之影响,对法人之处罚多以罚锾为之②。"行政院"版"行政罚法草案"第 3 条即规定③:"本法所称行为人,系指实施违反行政法上义务行为之自然人、法人、设有代表人或管理人之非法人团体、国家机关或其他组织体。"明文规定得以法人或非法人团体为处罚之对象。《所得税法》第 111 条第 2 项后段:"私人团体或事业,违反第 89 条第 3 项之规定,未依限填报或未据实申报或未依限填发免扣缴凭单者,处……"亦明文以"私人团体"为处罚之对象④,准此,以法人或非法人团体作为违反扣缴义务处罚之对象,现行法制上不乏其例,应无疑义,仅须符合法律保留原则即可。

第二项　故意或重大过失之认定方式

至于如何认定法人或非法人团体之责任要件,即如何认定其故意或重大过失。台湾地区法上迄今未有明文,学说与实务亦甚少讨论此一问题。然基于"无过咎则无处罚"(nulla poena sine culpa)之基本原理,处罚法人或非法人团体仍须以故意或过失要为要件,否则即如同释字 275 号解释作成前之行政实务,不问故意或过失而为处罚。未解决法人或非法人团体故意或过失认定之争议,"行政罚法草案"第 7 条第 2 项即明定:"法人、设有代表人或管理人之非法人团体、'中央'或地方机关或其他组织违反行政法上义务,其代表人、管理人或其他有代表权之人或实际行为之职员、受雇人或从业人员之故意、过失,视为该等组织之故意、过失。"以法人或非法人团体所属之负责人或内部人员之故意或过失,视为法人或非法人团体之故意或过失。就扣缴义务人而言,扣缴义务人违反扣缴义务时,应以"营利事业负责人"或"其所属执行扣缴义务之内部人员",于执行扣缴义务时有无故意或重大过失,判断应否对于"营利事业"科处税捐秩序罚。是故,税捐稽征机关得以扣缴义务人,未善尽监督义务防止执行扣缴事务之人违反扣缴义务为由,

---

①　例如《医疗法》第 108 条仅处罚医疗机构、《广播电视法》第 44 条仅处罚广播及电视事业、《水污染防治法》第 38 条仅处罚事业及污水下水道系统。《劳动基准法》第 81 条第 1 项与《劳动检查法》第 35 条,则以行为人与法人(或事业单位)为处罚对象。

②　洪家殷:《行政秩序罚论》,台湾五南图书出版有限公司 2000 年版,第 92 页。

③　以下所称行政罚法草案,2003 年 7 月 9 日经第 2847 次行政院会议通过之版本,皆摘自于"法务部"网站(http://www.moj.gov.tw/chinese/,造访日期:2004/4/25)。

④　实务上案例可参考高雄高等行政法院 2001 年诉字 1886 号、2002 年简字 126 号、2001 年简字第 3864 号判决。

第四章　扣缴义务人处罚之实务问题研析

认定扣缴义务人有故意或重大过失[①]。

第九节　本章结论

　　扣缴义务人违反扣缴义务，除应补缴、补报或补发之外，依法仍应受处罚，实务上尤以对于扣缴义务人处以罚锾之税捐秩序罚最为常见。大法官释字 327 号解释初虽肯定处罚之合宪性，然亦指摘《所得税法》第 114 条第 2 款，仅因"逾期申报或填发扣缴凭单者，仍依应扣缴税额固定之比例处以罚锾，又无合理最高额之限制，有导致处罚过重之情形"。释字 327 号解释作成后，《所得税法》第 114 条第 2 款，虽配合修正，然未完全遵守该号解释之意旨而为修正，将处罚未依法履行申报与填发义务之扣缴义务人，仍按扣缴税额处以罚锾，将与事件无关者列入考虑，恣意地不当联结其处罚效果。

　　再者，参诸上揭解释之意旨，检视与扣缴义务人有关之税捐秩序罚，皆有处罚无上限，违反比例原则之处。且处罚之效果皆联结至依应扣缴税额或应扣未扣或短扣税额一定比例，作为罚锾数额，立法者不仅恣意，亦有违反不当联结禁止原则之处，导致扣缴义务人处罚与纳税义务人处罚相较，前者较后者处罚更为严苛[②]。现行法对于扣缴义务人之处罚，逾越"宪法"上之界限，昭然可见。

　　另就扣缴义务人之主观责任要件，实务上皆依大法官释字第 275 号解释之意旨，推定扣缴义务人有故意或过失。姑且不论认定故意或过失之举证责任移转。自上述行政法院判决之案例事实与法律争议，即知扣缴义务人须面对千变万化之案例事实，以及法令规定的抽象、不完整，不仅法文艰涩难懂，多如牛毛。又未能自税捐稽征机关之解释函令窥探其解释之准则，尤其面对新兴且非典型之边际案件，纵使税法专业人士，亦无法预测税捐稽征机关可能之法律见解。准此，从扣缴义务应采严格审查标准之观点，其要件应更为严格谨慎，始具有合理正当性之观点，应认处罚扣缴义务人应以故意或重大过失为要件，且应由处罚之税捐稽征机关负客观举证责任，方无逾越"宪法"上扣缴义务人处罚之界限。

---

　　① BFG v. 27. 11. 1990, BStBl. 1991, 2646. 转引自〔德〕Franzen/Gast/Joecks, a. a. O., S. 594；廖义男：《行政处罚之基本争议问题》，载台湾行政法学会主编《行政救济、行政处罚、地方立法》，台湾元照出版有限公司 2000 年版，第 291—292 页。

　　② 同此见解陈合发：《扣缴义务人违反扣缴义务之研究》（下），载《实用税务》第 346 期，2003 年 10 月，第 67 页。

第五章 结论与建议

第一节 结 论

"宪法"第19条:"人民有依法律纳税之义务。"即国家有向人民课税之权力[1]。课税权为国家统治权之固有且主要的表现形态[2],亦为独占此种财政工具。国家为达成税捐之征收,除纳税义务人须负纳税义务之外,国家另课予纳税义务人协力义务以及第三人之行为义务,要求纳税义务人与第三人为作为或不作为,以利国家课征税捐,所得税法上之扣缴义务即为一例。

综合上述各章节之讨论,吾人可得知现行所得税法上扣缴义务以及违反时之责任,涉及诸多宪法上之课题,虽大法官释字第317号与327号分别肯认扣缴义务与处罚之"合宪"性,惟仍有许多逾越于"宪法"上界限之处,分述如下:

一、扣缴义务人应为营利事业本身

所得税法上扣缴义务人,系指依所得税法规定,应自付与纳税义务人之给付中扣缴所得税款之人(《所得税法》第7条第5项参照)。扣缴义务人本应由就给付所得具管领力,或居于给付所得枢纽地位者任之,其最恰当之人选则应为私法上具有给付所得义务之债务人任之,方属允当。由于,营利事业负责人并非当然就所得之给付具有管领力或享有监督权,更因任期届满等诸多因素,经常交替更嬗,无法持续担任同一职务至营利事业之税捐法上权利能力消灭。负责人解职后,对于所得给付之掌握更属困难,倘未依法履行扣缴事务,无权要求原所属之营利事业补行应尽义务,更加暴露出以营利事业负责人为扣缴义务人不当与恣意之处,因而有违平等原则。

二、补缴责任有"责任的从属性"之适用

补缴责任之目的为担保纳税义务人对于国家所得税税捐债务之履行。就此一特性而言,补缴责任与保证债务,两者性质相当。关于保证债务之从

---

[1] 葛克昌:《宪法国体——租税国》,载《国家学与国家法》,台湾月旦出版公司1996年版,第155页。

[2] 同上注,第143—144页。

属性法理,于补缴责任之运用上,基于平等原则之考量,当有类推适用之可能性。复以,扣缴义务人随其营业规模愈行扩张,给付应扣缴所得之次数与金额必定增高与增多,而无金额上限,倘责任债务之构成要件未能趋于严格,则所造成扣缴义务人之损害,无限制地趋于扩大,与欲达成之扣缴目的利益,将显失均衡,不具有合理且适度的关系,对于扣缴义务人所课之义务,即逾越社会通念所可忍受之范畴,而构成特别牺牲,如无补偿,即属"违宪"。况且,补缴责任不以从属性原则为必要,将导致国家不问纳税义务人是否已自行申缴纳该项所得之所得税,得径行向扣缴义务人追讨,则国家将双重得利,亦有违反过量禁止原则(Übermaβverbot)[①]。职是,补缴责任之发生,以税捐债务的构成要件与补缴之构成要件两者均该当为前提。

三、补缴应以故意或重大过失为要件

按国家课予人民处罚或责任须符合比例原则,倘补缴义务不以故意或过失为必要,显非最小侵害手段,不仅违反必要性原则。且国家不问侵害扣缴义务人之财产权,一味地维护确保国家税收,采取之手段与达成之目的,明显失衡。况且,从扣缴义系无偿且不具对价性观点,不应赋予扣缴义务人过高之注意义务[②]。应适用严格审查标准,其要件应更为严格谨慎,始具有合理正当性[③]。是故,应认扣缴义务人仅就故意或重大过失负责,方足予衡平其所负之补缴责任。

四、处罚之方式违反比例原则与平等原则

现行法上对于扣缴义务人之处罚,皆依扣缴税额或应扣未扣或短扣税额之一定比例处罚,且罚锾无上限之规定,显然抵触释字327号解释,而违反比例原则。且扣缴义务为行为义务,非金钱给付义务,以扣缴税额或应扣未扣或短扣税额作为母数,显将与事物本质不相关之事项,列入考虑,亦有违不当联结禁止原则。综之,现行法上关于扣缴义务人之处罚,诸多逾越"宪法"上之原理原则,亟待修正检讨。

五、处罚应以故意或重大过失为要件

至于违反扣缴义务之处罚,本书认为因扣缴义务不具有对价性,扣缴义务人非娴熟税法之人,负此一无偿之义务,复课予其过重之责任与过高之注

[①] 〔德〕Pieroth/Schlink, Grundrechte Staatsrecht Ⅱ, Heidelberg 2001, 17. Aufl., S.65.

[②] 葛克昌氏亦为:"扣缴义务人为行政助手,且为法定无偿助手,其责任自不应高过公务员。"葛克昌:《综合所得税与宪法》,载《所得税与宪法》,台湾翰芦图书出版有限公司2003年版,第82页。

[③] 同上注,第80页。

意义务,将导致扣缴义务人负过重之义务,逾越社会所忍受之范畴,违反"负担平等"原则。且课予过高之注意义务,无助于督促其履行义务之期待可能性,故基于应采最小侵害手段之必要性原则考量,应以扣缴义务人具有故意或重大过失为限。惟此一构成要件仍以立法增订为宜。

第二节 建　议

为避免"中科院"案与实务上之争议之类似情形发生,本书建议应如本章第一节中所述立法修正之,于立法修正前,于过渡时期,本书建议行政法院与税捐稽征机关似得参考下列所述,以减少对于人民基本权之违法侵害,使得扣缴义务运作,税稽机关责令补缴或处罚得更为合理,兹分述如下:

一、对于扣缴义务人认定应采"合宪"性解释原则,认定"公司"、"合作社"、"合伙组织"与"独资组织负责人"为扣缴义务人

依现行实务之见解,扣缴义务人多"机关"、"团体"与"事业"负责人任之,然由于有恣意"违宪"之处,应尽速立法修正。将《所得税法》第89条第1项第1款与第2款,修正扣缴义务人应为:"机关"、"团体"与"事业",其中"事业"概念一词涵括"公司"、"合作社"、"合伙组织"与"独资组织"。至于法律修正前,税捐稽征机关仍得透过"合宪"性解释(verfassungskonforme Auslegung)之方式,将同条第一款扣缴义务人解释为"公司"、"合作社"、"合伙组织"与"独资组织";至于同条第二款尽得透过立法修正或受补缴与处罚处分之相对人声请释宪,由大法官宣告第二款"违宪"。退万步言,纵使以"机关"、"团体"与"事业"负责人为扣缴义务人,税捐稽征机关于适用有"违宪"疑虑之法令时,应作严格之解释与认定,而于补缴或处罚处分作成前时,仍应审酌扣缴义务人之主观上有无故意或过失,并降低注意义务程度之要求,使得对于扣缴义务人为补缴或处罚处分,得更为合理减少侵害人民基本权之情形。

二、未依法扣缴时,应先行向纳税义务人追征税款后,方令扣缴义务人负补缴责任

对于扣缴义务人课予补缴责任,一旦税捐稽征机关知悉有扣缴义务人有应扣未扣或短扣税额之情事时,于纳税义务人结算申报前,为符合《所得税法》第89条第2项之意旨,仅得向扣缴义务人发单补缴税款;惟如于纳税义务人结算申报后知悉未履行扣缴责任之情事,税捐稽征机关应力行贯彻

"财政部"1976年台财税第36317号函之意旨[1],应先行查明纳税义务人确已将是项应扣缴税款之所得税额。倘纳税义务人未缴纳该项所得之所得税额,应命纳税义务人补缴,如仍未遵期补缴,应立即进行对于纳税义务人之财产假扣押等税捐保全程序,并命扣缴义务人补缴。纳税义务人如无财产不易变价或其他法定事由时,税捐稽征机关应先行向纳税义务人财产为强制执行。盖纳税义务人方为税捐债务之主债务人,且基于稽征经济之考量,免于日后退税等手续所生之行政成本。"最高行政法院"2002年判字第1566号判决:"扣缴主要用意在于结算申报期前先行收取税款,如已届结算申报期,纳税义务人漏未申报,税捐稽征机关可依《税捐稽征法》第21条第2项规定补征其税款,毋庸先向扣缴义务人追缴应扣缴之税款,扣缴义务人再向纳税义务人追偿之;所追缴之扣缴税款再与结算申报之应纳税额相较,不足部分再向纳税义务人征收,多余部分退还纳税义务人,徒增劳费。"[2] 实值参考。

三、人民无认识解释函令的义务,亦不得以违反解释函令而受处罚

由于税法条文内容抽象与不完整,不仅法文艰涩难懂,且多如牛毛,复由于事实态样千变万化,尤其在非典型案例时,甚难期待扣缴义务人可正确适用法令,行政法院于审理该非典型案件,应以一般人之注意标准,并辅以熟谙税法之专业人士角度观察,认定扣缴义务人于给付时是否有期待可能性地正确适用法令,而非一味依循被告机关之见解,凡未履行扣缴义务即须处罚。尤其是行政机关与行政法院对于同一税法规定的解释结果有不一致的情形,更难认定扣缴义务人有过失。

再者,扣缴义务人之注意义务,只存在于形式意义法律及实质意义法律,而不及于解释函令,对于解释函令之不认识,并非不知法律,而不能构成注意义务之违反,故解释函令之违反,仅构成补缴事由,而不能加以处罚[3],不得以扣缴义务人之法律意见与被告机关相左,即有不法意识[4]。例如于

---

[1] "财政部"1976年台财税第36317号函:"扣缴义务人给付各类所得,不依法扣缴税款,如经稽征机关查明纳税义务人确已将是项应扣缴税款之所得,合并其取得年度之综合所得申报缴税者,得免再责令扣缴义务人补缴,惟仍应依法送罚。"

[2] 相同见解陈合发:《扣缴义务人违反扣缴义务之研究(下)》,载《实用税务》第346期,2003年10月,第70页。

[3] 葛克昌:《解释函令与财税行政》,载《所得税与宪法》,台湾翰芦图书出版有限公司2003年版,第239页。

[4] 黄茂荣:《构成要件错误、禁止错误与税捐处罚》,载《税法总论》(第1册),台湾植根法学丛书编辑室2002年版,第545页。

"最高行政法院"2000年判字第945号中,被告强求扣缴义务人得自解释函令中关于督学之薪资所得是否免税函释中,基于平等原则,得推论出系争薪资应予扣缴;于1999年判字第4234号判决中,"最高法院"之判决结果,即变相强求原告须自被告要求祭祀公业须申报每年孳息分配情形之解释函令中,得出祭祀公业管理人为扣缴义务人。是故,不得以扣缴义务人与税捐稽征机关或行政法院法律见解不同时,即推定扣缴义务人有过失,倘否,不仅弃扣缴义务人之基本权不顾,亦阻滞法律之进步。再者,行为人遂行其行为时,不知法规适用可能性,且欠缺避免错误之期待可能性时,其行为即不应处罚[①]。

又,税捐规避本身不违法,故不构成不正当方式逃漏税捐罪[②],亦因无违反真实义务之行为,而不应处以漏税罚[③]。准此,租税规避仍应同与经济上事实关系相当之法律上形成加以课税,但税捐规避本身不违法,原则上不得课以税捐秩序罚或逃漏税捐罚等加以处罚[④],否则,即为对于人民私法形式选择之处罚,不当侵害人民"宪法"第22条所保障之契约自由[⑤],该处罚应认"违宪"。

四、违反扣缴义务之处罚不应有释字275号中推定过失责任之适用

释字第275号解释:"但应受行政罚之行为,仅须违反禁止规定或作为义务,而不以发生损害或危险为其要件者,推定为有过失,于行为人不能举证证明自己无过失时,即应受处罚。"此一推定过失责任之立法例,系仿自奥国之立法例[⑥],比较法上并不多见,与严格的人权保障要求并不一致,且为适应台湾地区法制不备之过渡阶段,毋宁为例外,原则上仍应由行政机关负故意或过失之客观举证责任,故释字第275号解释关于推定过失责任,适用上应更为严谨。再者,"仅须违反禁止规定或作为义务,而不以发生损害或危险为其要件者",乃属"不服从犯",因其情节轻微,故解释意旨将举证责任转

---

① 陈清秀:《税法总论》,台湾翰芦图书出版有限公司2001年版,第587页。
② 同上注,第243页。
③ 葛克昌:《金钱给付及其协力义务不履行与制裁》,载《所得税与宪法》,台湾翰芦图书出版有限公司2003年版,第101页。
④ 陈清秀:同前注①,第246页。
⑤ 大法官释字第576号解释,解释文首段:"契约自由为个人自主发展与实现自我之重要机制,并为私法自治之基础,除依契约之具体内容受宪法各相关基本权利规定保障外,亦属'宪法'第22条所保障其他自由权利之一种。惟国家基于维护公益之必要,尚非不得以法律对之为合理之限制。"
⑥ 吴庚:《行政法之理论与实用》,台湾三民书局2003年版,第470页。

换由行为人负担①。然违反扣缴义务之处罚,依应扣未扣或短扣税额1倍或3倍处罚,或依应扣缴税额或给付金额之一定比例处罚,且处罚无金额上限,导致实务上之处罚,最轻至少于新台币4500元②,动辄上万元,处罚百万元以上者,亦为常事。是故,违反扣缴义务之处罚,非属情节轻微,应无释字第275号解释之适用,方符保障人权之旨。

五、"过失"之认定,应以具体轻过失责任为限

本书以为扣缴义务人之处罚应以故意或重大过失为限,然于立法增订前之过渡时期,税捐稽征机关于作成罚锾处分前,或行政法院于审酌扣缴义务人之主观构成要件事实之际,不宜过度要求扣缴义务人过高之注意义务,应降低过失程度之认定标准,原则上应采具体轻过失责任,盖税捐本质上系无对待性之公法给付义务,过失之责任,依事件之特性而有轻重,如其事件非予债务人利益"应从轻酌"之法理(《民法》第220条第2项参照),应与自己同一之注意义务已足③。例如,"中科院"免税案中对于扣缴义务人之故意或过失之认定,自免税决定过程观察,对于"品位加给"与"技术津贴",皆予以免税与未为扣缴,以行之有年,"财政部"长期皆未发单补税或处罚,且鉴于台湾早期军事体制,多只问服从不问法律,会计主管亦为军职,对于上令或惯例多所服从,此案认定会计主管有故意或过失,实有不当。又,本书第四章提及境内外所得之认定案等诸多案例,纵使扣缴义务人详读法令与解释函令,负一善良管理人之注意义务,亦无法判断系争所得应予扣缴,更何况财政部之解释函令,对于境内外所得之判断标准不一,且就系争所得之定性,亦经常有不同认定之情形④,令人无所适从,故认定该案之扣缴义务人过失标准认定实属过严与过高⑤。否则,扣缴义务人于面对千变万化之案例事实以及艰涩难懂且多如牛毛之税捐法令函释,难以期待其正确适用,国家却以极其宽松之补缴责任要件与高额罚锾,虎视眈眈地伺机而动,一不心即误蹈法网,背负高额之金钱债务,断非法治国家应有之作为。

---

① 吴庚:《行政法之理论与实用》,台湾三民书局2003年版,第470页。
② 《所得税法》第114条第2款。
③ 葛克昌:《解释函令与财税行政》,载《所得税与宪法》,台湾翰芦图书出版有限公司2003年版,第238—239页。
④ 例如,台北高等行政法院2002年诉字4252号判决之事实。
⑤ 黄俊杰:《税捐之扣缴与赔缴》,载《纳税者权利保护》,台湾翰芦图书出版有限公司2004年版,第202页。

六、税捐稽征机关有义务对于扣缴义务人为行政指导

本书以为处罚扣缴义务人主观上仅就故意或重大过失负责,倘税捐机关担忧将补缴责任与处罚要件过于严苛,提高税源灭失之可能性,减少国库收入。依《行政程序法》第 165 条:"本法所称行政指导,谓行政机关在其职权或所掌事务范围内,为实现一定之行政目的,以辅导、协助、劝告、建议或其他不具法律上强制力之方法,促请特定人为一定作为或不作为之行为。"是故,税捐稽征机关得依职权或依声请,而以行政指导方式,告知扣缴义务人如何履行扣缴事务。所得税法修正时,亦得参考德国《所得税法》第 42 条之五规定,于所得税法中明定:对于具有管辖权之税捐稽征机关,依扣缴义务人之声请,对于有疑义之所得是否适用扣缴之相关规定,以及于个案情形中应适用之程度,应予以教示。以期避免扣缴义务人受处罚,确保扣缴之合法性[1],并减少税源灭失之风险。

税收之确保与税捐稽征之便利固然重要,惟不应忽略"宪法"对于基本权保障之要求,本书之目的,无非借由对于所得税法上扣缴义务与违反时补缴与处罚之讨论,建立与宪法价值观相一致之实质衡量基准,使得所得税之课征更合理、更富有人性,以符合现代法治国家原理原则。

---

[1] 〔德〕Franzen/Gast/Joecks, Steuerstrafrecht, 5. Aufl. 2001, S. 594;〔德〕Kirchhof, EStG KompaktKommentar Einkommensteuergesetz, 2. Aufl. 2002, S.1807.

参考书目

壹 中文资料

一、中文书籍

1. 王文宇:《公司法论》,台湾元照出版有限公司 2003 年版。
2. 王泽鉴:《法律思维与民法实例》,台湾三民书局 2000 年版。
3. 王泽鉴:《民法总则》,台湾三民书局 2000 年版。
4. 王泽鉴:《债法原理(一)基本理论、债之发生》,台湾三民书局 2001 年版。
5. 王建煊:《租税法》,台湾文笙书局 2001 年版。
6. 卞耀武:《税收征收管理法概论》,人民法院出版社 2002 年版。
7. 卞耀武主编:《中华人民共和国税收征收管理法释义》,法律出版社 2001 年版。
8. 林山田:《刑法通论(上册)》,台湾台大法学院图书部 2003 年版。
9. 林山田:《刑法通论(下册)》,台湾台大法学院图书部 2003 年版。
10. 林腾鹞:行政法总论,台湾五南图书出版有限公司 2002 年版。
11. 林进富:《租税法新论》,台湾三民书局 1999 年版。
12. 李惠宗:《宪法要义》,台湾元照出版有限公司 2001 年版。
13. 李惠宗:《行政法要义》,台湾五南图书出版有限公司 2004 年版。
14. 李建良:《宪法理论与实践(一)》,台湾学林文化事业有限公司 1999 年版。
15. 柯芳枝:《公司法论(下)》,台湾三民书局 2003 年版。
16. 吴庚:《行政争讼法》,台湾三民书局 1999 年版。
17. 吴庚:《行政法之理论与实用》,台湾三民书局 2003 年版。
18. 吴庚:《宪法的解释与适用》,台湾三民书局 2003 年版。
19. 吴东都:《行政诉讼之举证责任——以德国法为中心》,台湾学林文化事业有限公司 2001 年版。
20. 吴金柱:《所得税扣缴实用全书》,台湾三民书局 2003 年版。
21. 吴启玄:《限制出境制度之实务研析》,台湾翰芦图书出版有限公司 2003 年版。
22. 施正文:《税收程序法论——监控征税权运行的法理与立法研究》,北京大学出版社 2003 年版。
23. 城仲模主编:《行政法之一般法律原则》,台湾三民书局 1994 年版。
24. 洪家殷:《行政秩序罚论》,台湾五南图书出版有限公司 2000 年版。
25. 姚志明:《诚信原则与附随义务之研究》,台湾元照出版有限公司 2003 年版。

26. 翁岳生主编:《行政法 2000(上册)》,台湾翰芦图书出版有限公司 2000 年版。
27. 翁岳生主编:《行政法 2000(下册)》,台湾翰芦图书出版有限公司 2000 年版。
28. 翁岳生主编:《行政诉讼法逐条释义》,台湾五南图书出版有限公司 2002 年版。
29. 黄茂荣:《税法总论(第一册)》,台湾植根法学丛书编辑室 2002 年版。
30. 黄茂荣:《税捐法论衡》,台湾植根法学丛书编辑室 1991 年版。
31. 黄茂荣:《法学方法与现代民法》,台湾台大法学丛书编辑委员会 2002 年版。
32. 黄俊杰:《纳税者权利保护》,台湾翰芦图书出版有限公司 2004 年版。
33. 黄俊杰:《中山科学研究院税法问题之宪法研究》,"行政院国家科学委员会"专题研究计划成果报告(NSC89-2623-D-194-001)2000 年版。
34. 黄立主编:《民法债编各论(下)》,台湾元照出版有限公司 2002 年版。
35. 黄荣龙:《税法精典——架构性分析》,新文京开发出版有限公司 2003 年版。
36. 《德国租税通则》,陈敏译,"财政部"财税人员训练所 1985 年版。
37. 陈敏:《行政法总论》,台湾神州出版有限公司 2003 年版。
38. 陈清秀:《税法总论》,台湾翰芦图书出版有限公司 2001 年版。
39. 陈清秀:《行政诉讼法》,台湾翰芦图书出版有限公司 2001 年版。
40. 陈薇芸:《祭祀公业课税之实务问题研究》,台湾翰芦图书出版有限公司 2003 年版。
41. 陈新民:《宪法基本权利之基本理论(上册)》,台湾元照出版有限公司 2002 年版。
42. 康炎村:《租税法原理》,台湾凯仑出版社 1987 年版。
43. 刘剑文主编:《财政税收法》,法律出版社 2003 年版。
44. 刘剑文主编:《税法学》,人民出版社 2002 年版。
45. 熊文钊主编:《税务行政法》,中国人事出版社 2000 年版
46. 葛克昌:《所得税与宪法》,台湾翰芦图书出版有限公司 2003 年版。
47. 葛克昌:《行政程序与纳税人基本权》,台湾翰芦图书出版有限公司 2002 年版。
48. 葛克昌:《国家学与国家法》,台湾月旦出版公司 1996 年版。
49. 葛克昌:《税法基本问题》,台湾月旦出版公司 1997 年初版。
50. 廖义男等:《行政不法行为制裁规定之研究:行政秩序罚法草案》,"行政院"经济建设委员会健全经社法规工作小组 1990 年 5 月。
51. 蔡茂寅等:《现代宪法论》,台湾元照出版有限公司 2002 年版。
52. 台湾行政法学会主编:《行政救济、行政处罚、地方立法》,台湾元照出版有限公司 2000 年版。

二、中文期刊

1. 林明锵:《行政委托与行政处分(健保行政与行政处分)》,载台湾《本土法学杂志》第 3 期,1999 年 8 月。
2. 宋义德:《浅谈"我国"现行各类所得扣缴制度及相关规定》,载《财税研究》第 34 卷第 1 期,2002 年 1 月。

3. 李惠宗：《宪法工作权保障之系谱》，载刘孔中、李建良主编：《宪法解释之理论与实务》，"中央研究院"中山人文社会科学研究所专书，1999年5月。
4. 李惠宗：《缴清罚锾才可以换牌照吗?》，载台湾《本土法学杂志》第30期，2001年1月。
5. 吴金柱：《所得税扣缴制度探讨系列(1)、(2)、(3)(4)》，分载于《税务旬刊》第1862—1865期，2003年6月至同年7月。
6. 吴金柱：《谈所得税扣缴税款加征滞纳金——兼及加计利息之法律依据》，载《税务旬刊》第1827期，2002年6月。
7. 吴金柱：《海峡两岸所得税扣缴制度之比较》，载《实用税务》第322期，2001年10月。
8. 高文琦：《论事物本质对司法之作用》，载《宪政时代》第20卷第1期，1994年7月。
9. 高文宏：《中国大陆的税收征收管理新规定》，载《会计月刊》第104期，1994年5月。
10. 施炳煌：《机关薪资所得税扣缴义人条款修法始末》，载《主计月报》第87卷第2期，1999年2月。
11. 黄茂荣：《税捐法规之违宪审查(下)》，载《植根杂志》第19卷第12期，2003年12月。
12. 黄源浩：《营业税法上协力义务及违反义务之法律效果》，载《财税研究》第35卷第5期，2003年9月。
13. 黄世鑫：《扣缴率或税率：程序或实体》，载《月旦法学》第82期，2002年3月。
14. 陈敏：《扣缴薪资所得税之法律关系》，载《政大法学评论》第51期，1994年6月。
15. 陈敏：《租税稽征程序之协力义务》，载《政大法学评论》第37期，1988年6月。
16. 陈朴生：《法人刑事责任与"我国"立法之趋向》，载《刑事法杂志》第21期，1977年4月。
17. 陈昭华：《论租税优惠制度及其在宪法原则之限制》，载《辅仁学志——法、管理学院之部》，2000年第30期。
18. 陈爱娥：《"司法院"大法官会议中财产权概念之演变》，载刘孔中、李建良主编：《宪法解释之理论与实务》，"中央研究院"中山人文社会科学研究所，1999年5月。
19. 陈清秀：《税捐法定主义》，载《当代公法理论：翁岳生教授六秩诞辰祝寿论文集》，1993年5月。
20. 陈合发：《扣缴义务人违反扣缴义务之研究(上)(下)》，分载于《实用税务》第345期与第346期，2003年7月与同年10月。
21. 许宗力：《从大法官解释看平等原则与违宪审查》，载李建良、简资修主编：《宪法解释之理论与实务》(第二辑)，"中央研究院"中山人文社会科学研究所，2000年8月。
22. 许宗力：《论行政任务的民营化》，载《当代公法新论(中)翁岳生教授七秩诞辰祝寿论文集》，台湾元照出版有限公司2002年版。
23. 许宗力：《比例原则与法规违宪审查》，载《战斗的法律人——林山田教授退休祝贺论文集》，台湾元照出版有限公司2004年版。
24. 蔡宗珍：《公法上之比例原则初论——以德国法的发展为中心》，载《政大法学评论》第62期，1999年12月。

25. 蔡茂寅：《行政委托与法律保留原则》，载《月旦法学》第83卷，2002年4月。
26. 刘建宏：《德国法上之职业自由》，载《宪政时代》第18卷第2期，1992年10月。
27. 赖三郎：《所得税扣缴实务》，载《今日会计》第69期，1997年12月。
28. 钟典晏：《所得税法上之扣缴、赔缴与处罚——评"最高行政法院"1999年度判字第3949号判决》，载《律师杂志》第292期，2004年1月。

三、学位论文

1. 叶百修：《从财产权保障观点论公用征收制度》，台湾大学法律学研究所博士论文，1988年11月。
2. 林凤珠：《税捐法定主义在现行税法之实践》，台湾大学法律学研究所硕士论文，1985年7月。
3. 吴坤芳：《职业证照制度之研究——以证照管制之合宪性为中心》，台湾大学法律学研究所硕士论文，1998年2月。
4. 洪吉山：《税捐申报行为之研究》，成功大学法律学研究所硕士论文，2002年12月。
5. 黄源浩：《税法上的类型化方法——以合宪性为中心》，台湾大学法律学研究所硕士论文，1999年6月。
6. 陈昭华：《营利事业及其负责人之税捐责任》，台湾大学法律学研究所硕士论文，1983年6月。
7. 柯格钟：《税捐稽征协力义务与推计课税》，台湾大学法律学研究所硕士论文，1998年6月。
8. 邱天一：《实质课税原则之研究——以释字第420号解释为中心》，中原大学财经法律学系，2001年6月。
9. 杨志文：《论税法施行细则之司法审查》，2003年6月，台湾大学法律学研究所硕士论文。
10. 姜悌文：《行政法学上之明确性原则》，中兴大学法律学研究所硕士论文，1998年6月。
11. 盛子龙：《比例原则作为规范违宪审查之准则——西德联邦宪法法院判决及学说之研究》，台湾大学法律学研究所，1989年6月。

四、工具书

1. "财政部"税制委员会，所得税法令汇编，"财政部"2001年版。
2. "财政部"税制委员会，税捐稽征法令汇编，"财政部"1997年版。
3. "财政部"税制委员会，税捐稽征法令汇编续编，"财政部"2000年版。
4. 德国联邦宪法法院裁判选辑（一），"司法院"秘书处1990年10月出版。
5. 德国联邦宪法法院裁判选辑（四），"司法院"秘书处1993年6月出版。
6. 德国联邦宪法法院裁判选辑（七），"司法院"秘书处1997年6月出版。

贰　德　文　资　料

一、德文书籍

1. 〔德〕Badura, Staatsrecht, München 2003, 3. Aufl.
2. 〔德〕Birk, Steuerrecht Ⅰ, München 1994, 2. Aufl.
3. 〔德〕Franzen/Gast/Joecks, Steuerstrafrecht, München 2001, 5. Aufl.
4. 〔德〕Helmschrott/Schäberle, Abgabenordung, Stuttgart 1999, 10. Aufl.
5. 〔德〕Jakob, Einkommensteuer, München 1996, 2. Aufl.
6. 〔德〕Kirchhof, EStG KompaktKommentar Einkommensteuergesetz, Heidelberg 2002, 2. Aufl.
7. 〔德〕Lindberg, Die Besteuerung der Kapitaleinkünfte, München 1996.
8. 〔德〕Mösbauer, Steuerstraf-und Steuerordnungs-widrigkeitenrecht, München 1989.
9. 〔德〕Nacke, Die Haftung für Steuerschulden, Käln 1999.
10. 〔德〕Pieroth/Schlink, Grundrechte Staatsrecht Ⅱ, Heidelberg 2001, 17. Auf.
11. 〔德〕Schmidt, Einkommensteuergesetz, München 1997, 16. Aufl.
12. 〔德〕Tipke/Lang, Steuerrecht, Käln 2002, 17. Aufl.
13. 〔德〕Tipke/Kruse, AO/FGO Kommentar, Käln 2002, 17. Aufl.

二、德文期刊

1. 〔德〕Heuermann, Steuern erheben durch Beleihen?, StuW, 4/1999.
2. 〔德〕Heuermann, Leistungspflichten im Lohnsteuerverfahren, StuW, 3/1998, S.221.
3. 〔德〕Ossenbühl, Die Freiheiten des Unternehmers nach dem Grundgesetz, AöR 115, 1990.

叁　日　文　书　籍

1. 〔日〕金子宏:《租税法》,弘文堂1994年第9版。

附录一　扣缴义务之台湾地区法与德国法之比较

	台湾地区法	德国法		
		薪资税	资本收益税	限制纳税义务人扣缴税
法律依据	所§88、所§89	EstG §38—§42f	EstG §43—§45d	EstG §50a
扣缴义务人	1. 公司、合作社、合伙组织或独资组织负责人 2. 机关、团体之责应扣缴单位主管、事业负责人及执行业务者 3. 营业代理人或给付人 4. 信托行为之受托人	雇主	1. 负有给付资本收益之债务人 2. 居于清偿资本收益地位者	负有给付报酬义务之债务人
扣缴客体	1. 分配予非境内居住之个人及在境内无固定营业场所之营利事业股利净额、盈余净额 2. 薪资、利息、租金、佣金、权利金、竞技、竞赛、机会中奖之奖金、退休金、资遣费、退职金、离职金、终身俸、非属保险给付之养老金、执行业务者之报酬，及给付予境内无固定营业场所及营业代理人之国外营利事业之所得 3. 经核定适用《所得税法》第25条之营利事业所得额者 4. 在境内无分支机构之国外影片事业之营利事业所得额	工作薪资	国内资本收益与部分国外资本收益	1. 董事报酬 2. 表演艺人、职业运动选手、作家等表演或活动之所得 3. 使用动产或权利之对价
义务内容	1. 扣留义务 2. 缴纳义务 3. 申报义务 4. 填发义务	1. 扣留义务 2. 缴纳义务 3. 申报义务	1. 扣留义务 2. 缴纳义务 3. 申报义务 4. 交付证明书	1. 扣留义务 2. 缴纳义务

* 作者自制

附录二　台湾地区法上补缴责任与德国法上责任债务之比较

	台湾地区法	德国法		
		薪资税	资本收益税	限制纳税义务人扣缴税
法律依据	所§94I、所§114①	EstG§42d	EstG§44 V	EstG§50a V
明文规定连带债务？	无	有	无	无
主观责任条件	以无过失为要件	以无过失为要件，但裁量时须斟酌雇主有无故意或重大过失	以推定故意或推定重大过失为要件	？（类推适用前两者之规定）
补缴(责任)范围	应扣未扣或短扣之税额	薪资税额	资本收益税额	扣缴税额
未依法扣缴时，纳税义务人于负补征应扣缴税额之要件	1. 于结算申报后（§71I） 2. 扣缴义务人行踪不明或其他情事，致无从追究者（§89II）	1. 雇主未依法自工作薪资中扣留税款者； 2. 受雇人知悉雇主未依法申报所扣留之薪资税者，但受雇人已立即向税捐稽征机关申报者，不适用之。	1. 资本收益之债务人或支付资本收益清偿地位者未依规定因而短收资本收益税额； 2. 债权人知悉债务人或支付资本收益清偿地位者未依规定缴纳且迟延通知税务机关； 3. 支付资本收益之国内金融机构或财政给付机构支付资本收益时，因错误而未扣缴资本收益税额。	1. 董事报酬或第4项所定报酬之债务人未依法扣缴而短漏者； 2. 限制纳税义务人知悉债务人未依法缴纳所扣留税款且未立即通知税捐稽征机关者。

* 作者自制

附录三　台湾地区法与德国法上关于扣缴义务人之刑事处罚

	台湾地区法	德国
法律依据	《税捐稽征法》§42	AO §370 I
客观构成要件	以诈术或其他不正当方法匿报、短报、短征或不为扣缴税捐者	因下列行为致生短漏税捐或为自己或他人获得不当之税捐利益者： 1. 对税捐稽征机关或其他机关就税捐重要事项为不正确或不完备说明； 2. 因违反义务致税捐稽征机关不能知悉关于税捐之重要事实； 3. 因违反义务，不使用税捐印花或税捐印戳。
主观构成要件	故意	故意
刑度	五年以下有期徒刑拘役或科或并科台币六万元以下罚金	五年以下有期徒刑或并科罚金

* 作者自制

附录四　台湾地区法与德国法上关于扣缴义务人之税捐秩序罚

	台湾地区法				德国法	
	所§114①	所§114②	所§111	所§111a	AO §378 I	AO §380 I
行为主体	扣缴义务人	扣缴义务人	私人团体或事业	信托行为之受托人	税捐义务人或执行税捐义务之人	雇主等负有给付应扣缴所得之债务人或居于清偿地位者
客观可罚行为	1. 未依《所得税法》第88条规定扣缴税款者 2. 其未于限期内补缴应扣未扣或短扣之税款,或不按实补报扣缴凭单者	1. 已依本法扣缴税款,而未依第92条规定之期限按实填报或填发扣缴凭单者 2. 经稽征机关限期责令补报或填发扣缴凭单,扣缴义务人未依限按实补报或填发者	1. 违反第89条第3项之规定,未依限填报或未据实申报或未依限填发免扣缴凭单者 2. 逾期不补报或填发者	1. 未依限或未据实申报或未依限填发第92条之1规定之相关文件或扣缴凭单或免扣缴凭单或相关凭单者 2. 逾期不补报或填发者	因下列行为致生短漏税捐或为自己或他人获得不当之税捐利益者: 1. 税捐稽征机关或其他机关就税捐重要事项为不正确或不完备说明; 2. 因违反义务致税捐稽征机关不能知悉关于税捐之重要事实; 3. 因违反义务,不使用税捐印花或税捐印戳。	未履行、未完全或未准时履行扣留及缴纳税捐扣缴额之义务者
责任要件	故意及推定过失	故意及推定过失	故意及推定过失	故意及推定过失	重大过失	故意或重大过失
罚锾额度	1. 按应扣未扣或短扣之税额处1倍之罚锾 2. 按应扣未扣或短扣之税额处3倍之罚锾	1. 按扣缴税额处20%之罚锾。但最高不得超过22500元,最低不得少于1500元 2. 应按扣缴税额处3倍之罚锾。但最高不得超过45000元,最低不得少于3000元	1. 处该团体或事业1500元之罚锾 2. 应按所给付之金额处该团体或事业5%之罚锾。但最低不得少于3000元	1. 处7500元罚锾 2. 按该信托当年度之所得额处5%之罚锾。但最低不得少于15000元	处以欧元50000元以下罚锾	处欧元25000元以下罚锾

* 作者自制

附录五　判决争议分类表（以本书所述者为限）

	争议类型	判决字号
扣缴义务人之认定	扣缴义务人为公司负责人？	1. 台北高等行政法院 2002 年诉字第 23 号 2. 台北高等行政法院 2001 年诉字第 5027 号
	祭祀公业管理人为扣缴义务人？	1. "最高行政法院"1999 年判字第 4234 号
应扣缴所得之认定	境内外所得认定	1. "最高行政法院"2003 年判字第 1140 号 2. "最高行政法院"2003 年判字第 1033 号 3. 台北高等行政法院 2001 年诉字第 4214 号 4. 台北高等行政法院 2002 年诉字第 4252 号
	免税所得	1. "最高行政法院"2000 年判字第 945 号判决
	税捐规避之所得	1. 台北高等行政法院 2000 年诉字第 2492 号 2. 台北高等行政法院 2002 年诉字第 23 号
补缴责任是否有"责任的从属性"之适用？	不问补缴责任之"责任的从属性"	1. "最高行政法院"2002 年判字第 1343 号 2. "最高行政法院"2000 年判字第 1511 号 3. "最高行政法院"1998 年判字第 2598 号 4. "最高行政法院"1999 年判字第 303 号 5. "最高行政法院"1999 年判字第 3565 号
	补缴责任有"责任的从属性原"之适用	1. 台北高等行政法院 2000 年诉字第 2814 号

* 作者自制

税法学研究文库

已出版及近期计划出版书目

- ◆ 施正文:《税收程序法论——监控征税权运行的法律与立法研究》(已出版)
- ◆ 刘剑文主编:《WTO体制下的中国税收法治》(已出版)
- ◆ 刘剑文、熊伟:《税法基础理论》(已出版)
- ◆ 刘永伟:《转让定价法律问题研究》(已出版)
- ◆ 黄士洲:《税务诉讼的举证责任》(已出版)
- ◆ 刘剑文主编:《出口退税制度研究》(已出版)
- ◆ 葛克昌:《税法基本问题(财政宪法篇)》(已出版)
- ◆ 葛克昌:《所得税与宪法》(已出版)
- ◆ 葛克昌、陈清秀:《税务代理与纳税人权利》(已出版)
- ◆ 葛克昌:《行政程序与纳税人基本权》(已出版)
- ◆ 黄俊杰:《税捐正义》(已出版)
- ◆ 黄俊杰:《纳税人权利之保护》(已出版)
- ◆ 钟典晏:《扣缴义务问题研析》(已出版)
- ◆ 周刚志:《论公共财政与宪政国家——作为财政宪法学的一种理论前言》(已出版)
- ◆ 邱祥荣:《电子商务课证加值型营业税之探析》(将出版)